Encyclopedia of Philosophy Terms
:Liberal Arts for the Global Elite

世界一流菁英的基礎涵養「哲學用語」事典

哲學家
小川仁志

楓葉社

（前言）熟悉「哲學用語」才能站上起跑點

現在日本掀起了一股前所未有的哲學風潮。各地都有市民主辦的哲學對談活動「咖啡哲學」，小學引進了哲學對話講座，電視頻道也開始製作哲學節目。我就在那個電視節目上擔任講師，每次收到的觀眾迴響都令我大吃一驚。而且再好不過的是，近年的商務領域也熱烈關注哲學。

以前的日本，都將哲學視為不實用、難解的學問代名詞。但事實絕非如此，或許只是因為譯文太過艱澀，沒能好好展現出哲學的趣味和實用性罷了。證據就在於歐美國家從很久以前開始，就已經將哲學活用為知識的工具。

比方說，名列世界三大投資人之一喬治・索羅斯（George Soros）、PayPal創辦人彼得・提爾（Peter Thiel）、惠普公司前執行長卡莉・費奧莉娜（Carly Fiorina）等世界級的成功人士，出乎意料地大多是哲學系畢業。另外，谷歌和蘋果公司等大企業，很多公司也都將哲學納入商業實務中。

話說回來，歐美的大學必然少不了哲學課程，甚至還有國家列為高中必修科目，像是法國。如此一來，學生必定都能認識到哲學的重要性。但是在日本，如果大學生沒有選修相關課程，根本就沒有機會接觸哲學，所以才沒有發現它是如此實用的工具。

無論如何，歐美已經證實了哲學是一種實用的工具。還有統計報告指出，學哲學的人加薪幅度特別高。哲學對於商務人士來說，是一門無論如何都該學習的有益學問。

幸好現在的商業活動是在全球化社會下展開，所以這種現象已逐漸廣為人知，而且奇妙的是，人工智慧的出現，使得商業的運作模式被迫從根本開始改善，於是日本也終於有企業將哲學導入商業實務之中。陸續有松下電器（Panasonic）等引進哲學思維的企業，以及效仿歐美，向哲學家諮詢或委託開設進修課程的企業。

邀請我開班教授哲學的企業公司也愈來愈多了。多虧了這股風潮，有些課程的報名還瞬間額滿，這就是大家對哲學更有興趣的有力證明。哲學界的新星馬庫斯・加百列

（Markus Gabriel）的著作《為什麼世界不存在》（*Warum es die Welt nicht gibt*）並不是一本簡單好讀的哲學書，但它之所以大為暢銷，也印證了時下的哲學潮流。

當然，需要了解哲學的並非只有商務人士。像是人與人工智慧的互動方式、人類機能增強技術的運用等等，這幾年有愈來愈多需要透過哲學思考本質的事物。政治亦是如此。關於民粹主義（Populism）和公共性（Publicness）的問題，如今我們已不能再對它們一無所知了。

展開一場「咖啡哲學」或哲學對話，未必要滿口掛著哲學用語，不過從與話人的口中必然會帶出相關的知識。不論你是否使用哲學詞彙，唯有認識箇中含義，才有助於理解概念和邏輯。有些人在閱讀哲學書籍的過程中受挫，多半是因為這些詞彙令人費解。

從結論來說，如果想要接觸哲學，就要先認識哲學用語，否則便無法開始。因此，本書從數量龐大的哲學用語中，嚴選一百個必須熟知的關鍵字，並分成「思考的工具」、「掌握全球的工具」、「預測未來的工具」、「認知人性的工具」四大類，化繁為簡超譯各個詞彙的含義、簡明易懂地解釋、介紹相關哲學家，並提示這些詞彙的用武之地。另外還附加圖解，幫助大家理解部分用語。

包含本人的著作在內，這本書與現有的同類書籍差異，在於收錄了大量有助於理解最新哲學用語的古典用語，以及特別著重於商務場合的應用。工作時常備一冊在手當作參考書，肯定能在很多地方派上用場。

由於這是一本事典，從任何一頁開始讀起都沒有問題，不過考慮到有些讀者習慣通讀，所以書中特地依時間排序，並整理歸納相關事項。另外還附有專欄，希望能為大家帶來閱讀上的樂趣。

所謂的哲學，原本就是指用自己的頭腦思考；與仰賴別人的觀點不同，你自己的思考絕對不會背叛你。學得愈多、想得愈多，結論就會愈完善。但願本書能夠成為你得到完善結論的第一步。

寫於悠長的梅雨終於乾涸的令和元年夏日

小川仁志

CONTENTS

哲學用語事典

世界一流菁英的基礎涵養

PART 1

思考的30個工具——邏輯思考與創意構思

PART 2

掌握全球的20個工具
——政治經濟與全球化社會

PART 3

預測未來的30個工具
——近未來社會與科技

PART 4

認知人性的20個工具——組織與人際關係

※各項目的原文標記規則如下:(希)希臘語,(英)英語,(拉)拉丁語,(法)法語,(德)德語。

PART 1

思考的30個工具

ENCYCLOPEDIA OF PHILOSOPHY TERMS

邏輯思考與創意構思

001

logos（希）

邏格斯

超譯 有條理的話語

赫拉克利特（約西元前500）
早期希臘哲學家。以邏格斯作為其哲學的核心。因「萬物流變」的比喻而聞名。

亞里斯多德（西元前384～322）
古希臘哲學家，有「萬學之祖」之稱。注重群體倫理。其思想有別於老師柏拉圖，偏重現實主義。著有《政治學》、《尼各馬可倫理學》等書。

○說服別人需要具備什麼條件？

「**邏各斯**」是指「有條理的話語」，偶爾也會作為哲學的代名詞。

邏各斯一詞起源於意指「收集」的詞彙，後來又引伸為具有話語、秩序、邏輯、理性等多種意涵的詞彙。換句話說，它帶有為雜亂之物建立秩序的意韻。

在古希臘時代，邏各斯具有十分高貴的價值，是話語和理性促進哲學的發展。

邏各斯最早作為哲學用語，是始於古希臘哲學家**赫拉克利特**（Heraclitus），他主張邏各斯是萬物的根源。後來興起的**斯多葛主義**則承襲了這個思想，並將邏各斯提升為宇宙形成的原理。

於是，邏各斯作為西洋近代哲學的概念，不斷傳承下去。二十世紀的法國哲學家**德希達**（Jacques Derrida）批判西洋近代的哲學思想時，之所以使用「邏各斯中心主義」這個詞，就是基於這個原因。

經常與邏各斯兩相比較的詞彙，就是**情感**和**道德**。大家不妨試著多比較這三者的概念，思考邏各斯的意義。根據古希臘哲學家**亞里斯多德**（Aristotle）的著作《**修辭學**》記載，邏各斯、情感、道德都是說服他人必須具備的條件。

首先，邏各斯代表有條理的話語，如果要說服別人，邏各斯當然是最重要的條件。但是，光憑講理並不能打動人心，所以還需要情感加成。根據亞里斯多德的說法，就是要激發出伴隨著快樂或痛苦的暫時性心理狀態。的確，蘊含情感的話語強而有力，這樣的話語能夠引發我們的共鳴。

不過，再怎麼中聽的話語，要是給人偽善的感覺，自然就會失去威力，所以還需要再加上道德。道德是指可信度，也就是要重視人格的表現。

哲學的應用提示

邏各斯（理性）、情感（感性）、道德（信賴）是演講的3大條件。成功的演講者能夠以豐沛的情感、言簡意賅地闡述意見，藉此說服別人。蘋果公司創辦人賈伯斯和TED Talk的講座會如此精彩，正是因為他們都具備這些條件。這3個條件也應用於《與成功有約：高效能人士的七個習慣》等多本商務書籍。

002

idea, eidos（希）idea, form（英）

理型

超譯

理想形象

柏拉圖（西元前427~347）

古希臘哲學家。主張有個理型的世界存在，它是相對於現實世界的完全理想世界。著有《蘇格拉底的申辯》、《會飲篇》等書。

○我們所感知的世界不過是理型的影子

「**理型**」是指事物的理想形象。這是構成古希拉哲學家**柏拉圖**（Plato）哲學中樞的概念。這個詞原本意指物體的姿態或形狀，但這裡所謂的形狀並不是我們眼睛所看到的外形，而是透過心靈之眼洞察的事物真實面貌，是事物的原型。

感官認識到的事物會不停變動，唯有理型是永恆不滅的存在。所有事物都只是理型投射的影子，所以我們才會渴望找尋它們真實的面貌。

比方說，薔薇有薔薇的理型，圓圈有圓圈的理型。我們只要看見薔薇的花苞，就能聯想到美麗盛開的薔薇；即便只是看見一個徒手畫的歪斜圓圈，也能明白那是個圓圈。這無非是因為我們的腦海中都有薔薇和圓圈的理型。所以，理型就是事物的理想形象，這就是理性最早能夠掌握的事物面貌。

柏拉圖將世界分為理型構成的永恆不滅世界，以及感官掌握的現實世界；前者是**理型世界**，後者是**現象世界**。無止盡變化的現象世界，是以永恆不變的理型世界作為典範。著名的「**洞穴比喻**」，就是說明人類在洞穴裡所見的理型影子，才是我們每天親眼目睹的現實。

這種思想稱作現實與理想的**二元論世界觀**。反過來說，這個理論主張現實世界應當要以理想世界為範本。話說回來，日語的理想一詞，就是在明治時代為了解釋柏拉圖的理型論而發明的詞彙。全世界都認為高揭理想是善舉，而這股思想的起源就是柏拉圖的哲學。

但柏拉圖的理型論，卻遭到學生**亞里斯多德**批判。他主張事物的本質不存在於理想的世界，而是存在於現實中。文藝復興畫家拉斐爾（Raffaello Sanzio da Urbino）的名畫《**雅典學院**》，即畫出柏拉圖手指天上、亞里斯多德掌心向下，以此表現出兩人迥異的立場。

哲學的應用提示

柏拉圖為了追求理型，而創立了培育世界各地領袖的柏拉圖學院，為大眾指引理型是身為一名重要領袖的職責。因為有理型，人才能挑戰新事物；回歸理型，才能解決問題。附帶一提，英語idea一詞的起源，正好可以追溯到理型。

003

metaphysica（拉）metaphysics（英）
métaphysique（法）Metaphysik（德）

形上學

超譯

將自然原理置之度外的學問

亞里斯多德（西元前384～322）

古希臘哲學家，有「萬學之祖」之稱。注重群體倫理。其思想有別於老師柏拉圖，偏重現實主義。著有《政治學》、《尼各馬可倫理學》等書。

○面對物理學無法解答的問題

「形上學」是將自然原理置之度外的學問。形上學的拉丁原文是metaphysica，字面意思是**自然學**（physica）之後（meta）。這個詞原本是古希臘哲學家亞里斯多德在編纂作品集時生成的詞彙，他將討論自然之外的存在的一系列書冊，編排在自然相關的書冊之後；為了標籤這類抽象知識的作品，才會如此稱呼。

在亞里斯多德的哲學中，存在相關的學問都稱作「**第一哲學**」。中世紀的基督教會將亞里斯多德的第一哲學，作為解釋超自然現象的基礎。他們經過一番努力，使得metaphysica的mata帶有更強烈的「**超越**」意韻。現代人所說的「跳脫框架思考」，就是指思考要超越層次。因此，metaphysica便具有「**超越自然的科學**」的含義。

所謂的形上學，就是將自然原理置於範疇之外、從抽象且本質性的角度思考事物的學問。因此，形上學經常作為哲學的同義詞。哲學確實可以說是一種超越自然原理的思考，例如圓形是什麼、時間是什麼、自由意志是什麼等等，專門思考以物理學為主的自然原理無法解答的問題。

形上學也在歷經**啟蒙主義**時代、來到近代後，因為人們開始講求實證性的思考，而成為毫無用處的代名詞。不過近年來，形上學在日本卻受到大眾刮目相看。因為嚴謹分析事物的存在基礎，可以推展出絲毫不亞於實證性思考的縝密議論。這個全新的形上學，繼承了在二十世紀後的英語圈發展而成的**分析哲學**（70頁）潮流，所以稱作**分析形上學**或**現代形上學**。

隨著科技的進步，傳統的自然科學觀點或許已經落伍了，如今才會再度開始探索超越自然原理的形上學式構想。

哲學的應用提示

超越感官和經驗的事物稱作「形而上」，擁有實際形體的事物則稱作「形而下」。追求事物本質的形上學，到了現在依然相當實用。在開始著手行動以前，先思考行動的必要性，就能發現新的構想和問題。而且，「形上學」也帶有「非科學性」的意思。

004

subject／object（英）

主體／客體

超譯

行為者／對象

伊曼努爾・康德（1724～1804）

德國哲學家。論證人類理性的極限，同時在倫理學領域追求無條件的正當行為。著有《純粹理性批判》、《實踐理性批判》等書。

○我們會從無限的世界切割出客體

所謂的「**主體**」，簡單來說就是自己，**客體**則是指對象或事物。哲學行為就是思考自己與對象或事物關係的行為，所以主體和客體的概念是思考的大前提。

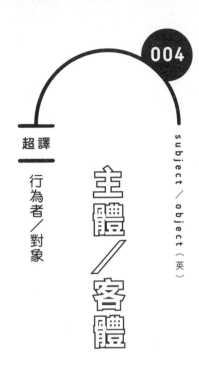

如果要理解主體與客體的內容，首先需要區分**主觀**和主體的差異，以及**客觀**與客體的差異。主觀和主體的差異，就是「認識」與「行為」的差異。換言之，我認識到某項事物，這就是我的主觀；而我基於這分認識採取行動時，是以行動中的我為主體，也可以稱作「行為者」。

客觀與客體的差異基本上也是同理對應。當我的認識屬於主觀時，我說的話會表現出我所站的角度。相反地，站在被認識的對象角度來看，我就能以客觀的方式來表現。重點在於從哪個角度看，兩者的差異就只是這樣而已。

相對地，客體則是用來稱呼採取行動的主體所認識的對象。比方說，姊姊看著床上的貓。在這個場面下，姊姊是主體，姊姊看著貓所產生的認識就是主觀；貓對姊姊來說是客體，被姊姊看見的貓所產生的認識，對姊姊來說就是客觀。

這裡需要注意的重點在於，對主體而言，並不是所有身外之物都能成為客體。只要主體沒有產生認識，事物就不會成為客體。德國哲學家**康德**（Immanuel Kant）就探討過這種認識與對象的關係。

也就是說，我們總是在無限遼闊的世界裡不斷切割著作為客體的對象。主體為分割出來的對象賦予意義，才會產生客體。為這個世界賦予意義的行為，無非就是為了理解世界。

所以，除非哲學化的主體將某個對象視為客體，否則那個對象就不會成為哲學探討的問題。反過來說，只要對象能夠成為被認識的客體，它就是哲學探討的對象。

哲學的應用提示

商業領域中最重要的是傳達「什麼人、做什麼、怎麼做」，也就是清楚傳達主體和客體、主觀和客觀。比方說上檯做簡報，我（主體）要對上司（客體）闡述客觀（上司要求的事實）看法與主觀（自己的意見）看法。如此一來，就不會傳達錯誤，也有助於加快後續發展。

005

idola（拉）

偶像

超譯

自我臆測

法蘭西斯．培根（1561～1626）

英國思想家，英國經驗論的始祖。主張知識可以戰勝自然。著有《隨筆》、《新工具論》等書。

○妨礙正確理解的「四種偶像」

「**偶像**」是指偏見或先入為主的觀點，也就是自我臆測。這是有**經驗論**始祖之稱的近代英國哲學家**培根**（Francis Bacon）提出的概念。培根認為要正確掌握真理，必須先剷除個人的臆測。因此他將這種臆測命名為偶像，並分成四大類。

第一類是「**種族偶像**」。這是人類既有的偶像，是知性受到情感與感官的蠱惑而產生的謬誤。人類固執堅守自己主張的立場，並且只能從這個觀點來判斷事物。

第二類是「**洞穴偶像**」。這是指思維像是陷入狹窄的洞穴裡，由個人的淺見產生的臆測。接受的教育、受其影響的人物、讀過的書等，都是造成思維狹隘的原因。

第三類是「**市場偶像**」。這是從語言衍生而來的臆測。宛如輕易聽信市場上的流言蜚語般，人總是難以抗拒話語的力量。現代網際網路比市場更氾濫的話語，或許就是造成這種現象的原因。

第四類是「**劇場偶像**」。就好比觀看舞台上的演出，被其強烈的渲染力撼動心靈一般，只要眼前有一段完整的故事就信以為真。人特別容易盲目相信學說等具有權威性的話語，因此又稱作學說偶像。

①種族偶像

人類既有的臆測。

②洞穴偶像

個人淺見
產生的臆測。

③市場偶像

話語衍生而來的
臆測。

④劇場偶像

受到權威事物影響
產生的臆測。

哲學的應用提示

商業場合處處都潛藏著這4種偶像，一旦受到偶像左右，便無法做出正確的判斷。①我是否過於固執己見、②我是否只憑自己的價值觀來判斷、③大眾評價是否值得信任、④我的判斷是否過於仰賴權威。只要檢視這4種偶像是否存在，就能避免錯誤和過失。

induction（英）Induktion（德）／deduction（英）Deduktion（德）

歸納法／演繹法

超譯　藉由事例導出規則的方法／從結論加以應用的方法

法蘭西斯・培根（1561～1626）
英國思想家。英國經驗論的始祖。主張知識可以戰勝自然。著有《隨筆》、《新工具論》等書。

勒內・笛卡爾（1596～1650）
法國哲學家。認為只有意識是無庸置疑的存在，而留下名言「我思，故我在」。著有《談談方法》、《靈魂的激情》等書。

○兩種運用邏輯的理論性思考法

「歸納法」和「演繹法」，都是推論事物的理論性思考方法。

歸納法是分析各種事實和事例後，將逐漸明朗的傾向整理成結論的思考方法。它注重的是個別經驗，所以是從**經驗論**歸結而成的思考方法。而經驗論正是起源於近代英國哲學家**培根**。歸納法本身是由古希臘哲學家**亞里斯多德**提出的方法，但是培根批評他的作法不夠嚴謹，所以才會提出新的理論。也就是說，亞里斯多德的歸納法，問題在於只是收集常見的事例，未充分驗證便直接導出結論。

比方說，觀察昆蟲和小動物等各種生物後，可以得出的普遍法則是生物皆由細胞組成。但此時

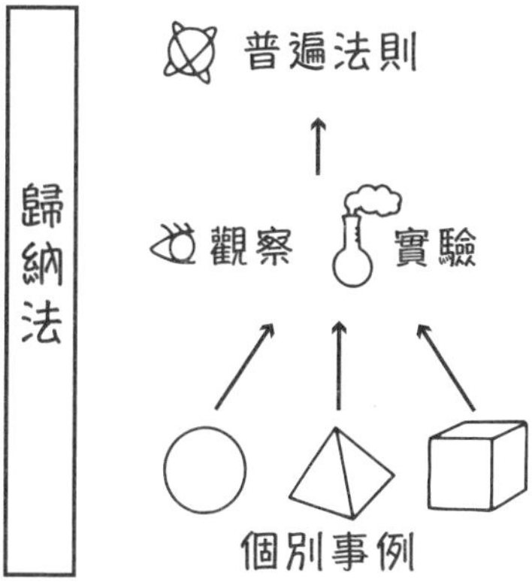

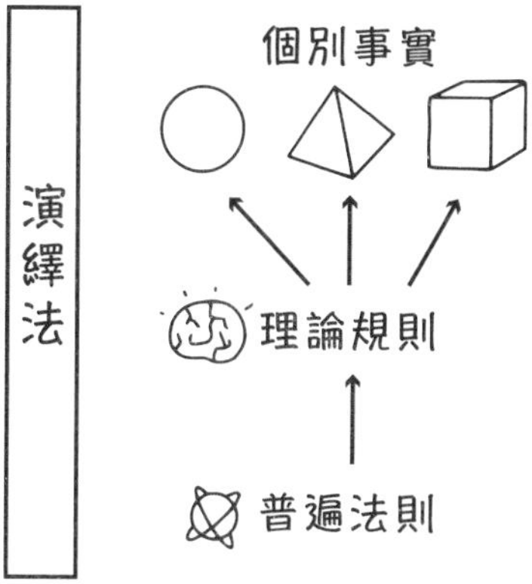

必須注意的是如何驗證所有事例。如果只是隨意收集資料做驗證，那就稱不上是歸納法。

相對地，**演繹法**是從普遍的前提開始，以三段論證等邏輯法則作為基礎，導出個別事實的方法。就像是套用數學公式、算出答案一樣。

演繹法是以普遍法則為前提的**理性主義**歸結而成的思考方法。援引法國哲學家**笛卡爾**（René Descartes）的說詞，這個思考方法之所以能成立，就在於人類擁有與生俱來的觀念（**天生觀念**）。

哲學的應用提示

只要記住歸納法和演繹法各自的用法，就能運用在商業場合。驗證事物真偽時，就採用歸納法，收集多種樣本來導出具體的結論；需要應用事物時，就採用演繹法，依循該領域的基本規則導出新的創意。做企劃和簡報時，只要合併運用歸納法（市場調查）和演繹法（創意），那就完美無缺了。

007

aporia（英）aporia（希）

難題

超譯

永遠得不出答案的困難疑問

亞里斯多德（西元前384～322）
古希臘哲學家，有「萬學之祖」之稱。注重群體倫理。其思想有別於老師柏拉圖，偏重現實主義。著有《政治學》、《尼各馬可倫理學》等書。

雅克・德希達（1930～2004）
法國現代思想家。用解構主義顛覆西洋哲學的傳統。著有《書寫與差異》、《論文字學》等書。

○一個問題有兩種互斥的見解

「**難題**」是指永遠得不出答案的困難疑問。原文aporia字面上的意思是僵局、死巷。這個詞起源於古希臘哲學家**蘇格拉底**（Socrates）在與人問答時，以矛盾的問句反詰對方提出的答案。比方說，對方回答「命運都是天註定」時，蘇格拉底反問：「難道命運無法改變嗎？」總而言之，難題是指兩種相反的推論皆可成立的狀況。

同樣是古希臘哲學家的**亞里斯多德**，將難題定義為「互斥論調的對等性」，這也是指稱兩種能夠同時成立的道理。舉例來說，人一出生就必須活下去；但人從出生的瞬間開始，就已經朝著死亡邁進。活著這件事，儼然就是一道可以使這兩種論調同時成立的難題。

二十世紀的法國哲學家**德希達**，甚至還有一本著作直接命名為《難題》（一九九六）。他將難題形容為**悖論**（Paradox）和**二律背反**（Antinomy），或是不可能解決的疑問。

難題之所以不可能解決，是因為互斥的論述無法同時成立。就好比我們想要認識他人的存在，就需要將他人納為自己內在的一部分；但這樣會使他人成為我們的內在，而不再是他人。

從這層意義來看，難題是永遠得不出解答的困難疑問。其實仔細想想，剛才提到的生存問題也是一樣，哲學的提問幾乎無法得出大略的解答，像是何謂自由、何謂愛，但我們依舊持續追尋這些答案。難題不只是永遠解不開的問題，也可以視為應當永遠追尋的理想。

如此一來，難題可能成為商業場合上的大好機會。俗話說危機就是轉機，難題就是良機，因為它是我們應當追尋的理想。有時候發現一道難題，也會令人躍躍欲試。當你在工作上遇到實在無法解決的難題時，改用這個角度思考或許會更好。

哲學的應用提示

每當哲學家遇到難題時，都會研發出新的思考方式。現代也同樣面臨堆積如山的難題，像是全球各地的民族衝突該如何解決、現金資產相關的貨幣問題等等。日本社會的高齡化現象也逐漸成為難題。期望解決這些難題的思維能夠儘快問世。

008

Mesotes（希）golden mean（英）

中庸

超譯

恰到好處

孔子（西元前552年～479）

春秋時代的中國思想家、哲學家。儒家始祖。主張重建社會秩序和以仁治國。《論語》是眾弟子整理孔子的言行集結而成的語錄。

亞里斯多德（西元前384～322）

古希臘哲學家，有「萬學之祖」之稱。注重群體倫理。其思想有別於老師柏拉圖，偏重現實主義。著有《政治學》、《尼各馬可倫理學》等書。

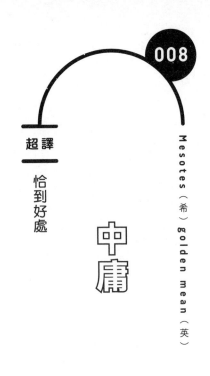

○古今中外皆重視的「德性」

「**中庸**」的意思是恰到好處。這是中國思想家**孔子**提倡的概念，旨在避免過與不足、保持適中的態度。而古希臘也有一個含義完全相同的用語，叫作mesotes，一般也譯為中庸。也可以說，中庸是古今中外都提倡的普遍概念。

古希臘哲學家**亞里斯多德**認為，中庸是應當推崇的人類**德性**。他在著作《**尼各馬可倫理學**》裡，寫道：「恐懼、堅定、慾望、憤怒和憐憫，總之，感到痛苦和快樂，這可以多，也可以少，兩者都是不好的。而是要在應該的時間，應該的情況，對應該的對象，為應該的目的，按應該的方式，這就是

要在中間，這是最好的，它屬於德性。」（譯註：引自知書房出版社中譯版本，61頁）

換言之，中庸是兩個極端的中間。具體來說，「膽怯」和「魯莽」之間的適中狀態，就是「勇敢」；「麻木」和「放縱」的中間是「節制」；「逢迎」和「冷淡」的中間是「好意」；「自卑」和「自誇」的中間則是「誠實」。人類總會不由自主傾向其中一端，如果能找出中庸、選擇中庸，就能做出正確的決定。

由於人類難以達到這種境界，才會失敗連連。尤其是在社會群體中，更需要秉持中庸之道。亞里斯多德推崇中庸，也是因為它是社會群體必備的德性。在古希臘的城邦國家，人民都是在狹窄的社交圈裡互助生活，同時努力避免互相干擾。要實現這種狀態，無非只有中庸之道。

所以，在商業場合亦是同理，置身於社會這類的組織中，必須時時心繫中庸，也就是凡事不可過度；意即不要極端彰顯自我、過分顯露欲望。

哲學的應用提示

中國儒家經典「四書」，其中之一即是《中庸》。儒家思想的中庸是一種「不偏不倚，無過不及之名」的品德，亞里斯多德則是解釋為「調節過與不足」。根據亞里斯多德的說法，傑出的領袖都具備中庸的平衡感。這也是現代所謂「領袖精神」的資質吧。

009

tabula rasa（拉）

白板

超譯

白紙般的心靈

約翰・洛克（1632～1704）
英國哲學家，英國經驗主義的集大成者。以社會契約論等政治思想聞名。著有《人類理解論》、《政府論》等書。

勒內・笛卡爾（1596～1650）
法國哲學家。認為只有意識是無庸置疑的存在，而留下名言「我思，故我在」。著有《談談方法》、《靈魂的激情》等書。

○不停累積知識的心靈機制

「**白板**」的意思就是「白紙般的心靈」。這是近代英國哲學家**洛克**（John Locke）提出的概念，用於解釋人類的心靈機制。原文Tabula rasa是拉丁語，意指一片空白的板子。實際上，洛克本身也用過白紙這個比喻。也就是說，我們透過經驗得到的知識，會陸續書寫在宛如白紙的心靈上。

確實，在白紙般的心靈上記錄知識，這個概念很容易激發想像。我們通常在聽聞某則事件後，會以自己的方式加以理解、逐步內化成自己的一部分。彷彿要填滿自己專屬的記事簿一樣，逐漸將構想累積在我們的心中。

洛克的主張屬於**經驗主義**，所以才會認為人在剛出生時，心靈的狀態有如白紙。相對地，像近代法國哲學家**笛卡爾**之流的**理性主義**論者，就主張人類有與生俱來的「**天生觀念**」。天生觀念是指不需要經驗、事先就已經印在心靈上的觀點。也可以說洛克是為了反駁天生觀念，才會提出白板的概念。

理性主義主張人只要靠意識就能理解事物，洛克則是主張意識與身體是一體的，身體要先感覺得到事物，讓資訊傳遞到意識，意識才會產生反省的作用。這裡所謂的反省，可以當作理解的意思。

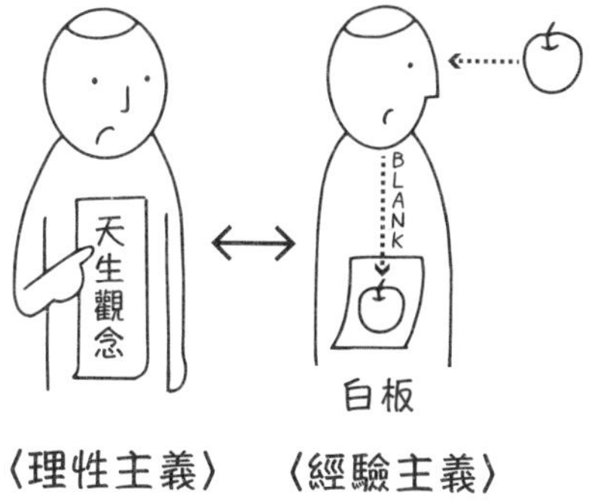

當然，經驗主義和理性主義都不是絕對正確的論調，但至少我們的確可以透過經驗學習到新的事物，並逐漸記錄在我們心靈上。大家應該都能藉由親身體驗來接受這個論調。

哲學的應用提示

根據洛克的說詞，外界事物會刺激我們的感官，為白紙般的心靈賦予印象，引發我們思考、懷疑、產生意志。這個過程就是經驗。將新知輸入我們的內在，這也是一種經驗。我們會將獲得的資訊一一記錄在平板電腦內，這或許就是現代版的心靈白板吧。

010

idealism（英）Idealismus（德）
idéalisme（法）

觀念論

超譯

主張世界建構自大腦的思維方法

伊曼努爾・康德（1724～1804）
德國哲學家。論證人類理性的極限，同時在倫理學領域追求無條件的正當行為。著有《純粹理性批判》、《實踐理性批判》等書。

G・W・F・黑格爾（1770～1831）
德國哲學家，近代哲學的集大成者。以辯證法體系聞名。著有《精神現象學》、《法哲學原理》等書。

○事物的存在來自我們的認識

「**觀念論**」是指事物的存在來自我們的主觀認識的思維方法。觀念一詞最早源自古希臘語的idea（14頁），意即理念。近代法國哲學家**笛卡爾**以「我思，故我在」一句話，將人的意識置於世界的中心，這種思想可以說是觀念論的起源。這麼一來，世界就等於只是建構在我們的腦海裡。

如果貫徹觀念論的思想，全世界的所有存在都將是觀念的集合體。結論會變成一切都是由人類所建構，這世上不存在人類無法理解的事物。然而實際上並不可能，因此才會出現**實在論**和**唯物主義**。

實在論是指分開思考事物的存在，以及我們如何認識它們；也就是主張我們如何認識世界，都與世界本身無關。觀念論和實在論究竟何者正確，至今仍爭論不休。

觀念論在近代德國的討論最為熱烈。從十九世紀後半到二十世紀，德國十分盛行的思想派系「**德國觀念論**」即是其一。尤其是受到**康德**影響的**費希特**（Johann Gottlieb Fichte）、**謝林**（Friedrich Wilhelm Joseph von Schelling）、**黑格爾**（Georg Wilhelm Friedrich Hegel），他們的共通點是事物的存在來自人類的主觀，特別是透過理性產生的認識。

具體而言，德國觀念論始於康德提出的觀點，即事物必須符合人認識的形式。這個論點又被稱作「**哥白尼式革命**」，是繼笛卡爾發現自我意識後的革命性創舉。但是，根據康德的說法，人的主觀認識還是有極限。為了超越這個極限，費希特便提出了一切存在都是以人的主觀為根源的**主觀觀念論**，謝林則是提出注重自然內在客觀精神的**客觀觀念論**與之抗衡。而黑格爾將兩者統合成**絕對精神**（38頁），提出將神納入其中的**絕對觀念論**，預設觀念也能達到如同神的精神境界。至此，德國觀念論終於在黑格爾的論述下集大成。

哲學的應用提示

21世紀哲學界的搖滾巨星馬庫斯・加百列，也是以德國觀念論為起點的其中一人。相信思考具有絕對力量的德國觀念論，對現代思潮影響甚鉅。從19世紀末到20世紀初，還興起了新康德主義和新黑格爾主義，發起復興康德和黑格爾哲學思想的運動。

011

Ding an sich（德）thing-in-itself（英）

物自身

超譯
人類無法認識的事物

伊曼努爾・康德（1724~1804）
德國哲學家。論證人類理性的極限，同時在倫理學領域追求無條件的正當行為。著有《純粹理性批判》、《實踐理性批判》等書。

○人類認識事物的機制

「**物自身**」是指人類無法認識的事物。這是由近代德國哲學家**康德**提出的概念，說明人的認識能力有其極限。康德對於人類認識事物的方式，提出了跨時代的思想；他主張並不是我們認識事物，而是事物符合我們的認識。此舉被比喻為提出地動說的哥白尼，稱作「**哥白尼式革命**」。

的確，我們之所以知道蘋果是紅色，並不是因為蘋果是紅色，而是因為我們看見的就是如此。這種思考人類如何認識事物的哲學領域，就稱作**認識論**。康德明確揭露了我們認識事物的機制。

根據這個理論，我們是先用「**感性**」認識對象，也就是人會先產生感覺。接著，我們才會用「**悟**

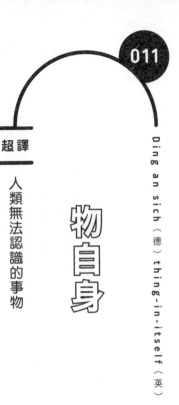

性」或「知性」來思考，試圖理解對象。透過悟性，我們才終於知道對象是什麼。

康德在感性與悟性的兩個階段中，分別將空間、時間和因果關係等理論形式分類整理成範疇表，藉此來判斷事物。如果沒有透過這個形式，我們人類便無法認識事物。

因此，我們最終所能夠認識的，僅限於可以經驗的世界；也就是僅限於時間、空間能夠解釋的事物，或是能用因果關係等理論理解的事物。康德將這個世界稱作**現象界**；而像是宇宙全體這種不可能經驗的世界，則稱作**物自身**，人類無法認識。

剛才舉的蘋果例子也是同理，雖然我們能夠認識蘋果本身，但終究只限於人類可以感知、可以了解的範圍之內。人類無法認識除此之外的部分，也就是蘋果的物自身。然而，也沒有人能夠知道蘋果的物自身究竟是什麼。康德的認識論，最大的意義就在於揭示物自身的存在。換言之，闡明人具體可以認識到什麼，就等於闡明了人類的理性極限所在。

哲學的應用提示

「康德的物自身」這個著名的命題，會導出一個疑問——既然人無法認識物自身，那又該以什麼為依據來談論真理？直到現代哲學，這個問題依舊議論紛紛。只要認識改變了，世界就會改變，這個概念不論是在商務場合還是人生，都十分受用。

012

定言令式

kategorischer Imperativ（德）
categorical imperative（英）

超譯

無條件的義務

伊曼努爾・康德（1724～1804）

德國哲學家。論證人類理性的極限，同時在倫理學領域追求無條件的正當行為。著有《純粹理性批判》、《實踐理性批判》等書。

○正當的行為是無條件的義務

「**定言令式**」是指無條件的義務，為近代德國哲學家**康德**提出的道德原則。就好比「應當……」這種說法，康德要求正當的行為是出於無條件的義務。「如果……，那就……」的說法，則是行為會受到條件左右的「**假言令式**」，立場與前者完全相反。

簡單來說，定言令式就是為人類的行為確立形式上的規範——你的意志只能以大眾普遍接受的法則為基準，並且依此選擇行動。我們的行為基準，必須永遠符合任何人採用都不會產生問題或矛盾的大原則。

康德進一步解釋，真正的道德不能隨著條件變化而任意變更。比方說，一個人如果因為飛黃騰達就改變自己此前的道德標準，這就是不合乎理性的行為。不說謊、幫助有困難的人、不傷害別人，這些道德行為應當是永遠要求的原則。

問題在於，這個原則實際上仍無法幫助我們確認怎麼做才是正當的行為。因此，康德又提出另一個判斷公式，即絕對不能把人類當成手段，而是要視為目的。康德的言外之意是必須永遠尊重一個人的人格，這就是絕對正確的基準。

總之，只要尊重人類的人格，道德的原則就是絕對正確。因為人類與動物不同，不必受到強迫也能自我約束。這股自律性正是自由意志的體現。擁有自由意志的人類，是永遠應當受到尊重、無可替代的存在。

以上的康德定言令式，稱作**康德倫理學**或**義務倫理學**，不論是在現代社會的哪個領域，都能作為思考正確與否的一個基準。

哲學的應用提示

只為了追求自己的利益和幸福而再三犯法，自古以來就是人性的表現。正因如此，康德才會嚴格要求必須無條件做出正當的行為。「假如……」這種藉口不能通用。不論發生什麼事，「應該……」的態度才能打動大多數人。

013

辯證法

dialectic（英）Dialektik（德）

超譯

推展事物的論證。

G・W・F・**黑格爾**（1770～1831）

德國哲學家，近代哲學的集大成者。以辯證法體系聞名。著有《精神現象學》、《法哲學原理》等書。

○統合正論與反論，找出合論

「**辯證法**」是推展事物的論證方法。辯證法一詞的概念，源自古希臘的**蘇格拉底**。不過，它原本只是一種對話術（Dialectic），用以揭發對手主張上的邏輯矛盾。直到近代德國哲學家**黑格爾**將辯證法定位成哲學論證，轉化為具生產性的思考方法。一般所說的辯證法都是指黑格爾的定義。

黑格爾的辯證法，是指當問題發生時會設法解決，並達到更高層次的論證形式或思考方法。面對乍看之下不可相容的兩個對立論點，辯證法不會捨棄其中任何一方，還能找出更好的解決方法，可以說是提供否定性要素一個發展的契機。

具體的過程是「正↓反↓合」，德語寫作「thesis→antithesis→synthese」，也可以稱作**揚棄**或aufheben。

辯證法是針對某件事（**正**），如果有矛盾或是問題（**反**）存在，就一同納入、克服矛盾和問題（**揚棄**），發展出更完美的解決方法（**合**）。如果將它當作一種思考方法，重點不是拋棄問題，而在於如何包容問題並推導出結論。所以辯證法不會只是1＋1＝2，可能出現1＋1＝無限大的發展。從這一點來看，辯證法的結果不同於單純的二選一、妥協或折衷，而是所有事物都可以經過不斷辯證後往下推展。根據黑格爾的說法，個人意識會經由理性發展成「**絕對知識**」，群體會持續發展成家族、公民社會、國家，而世界的歷史也會從亞洲發展到日耳曼世界。

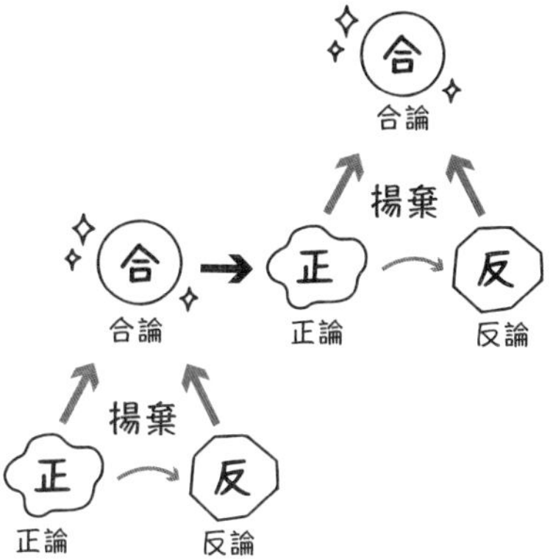

哲學的應用提示

辯證法可以活用在各種場面。針對「①意見A」，出現了「②反對A的意見B」時，就能「③統合意見A與意見B，導出更好的意見C」。比方說，想出去吃飯→想在家吃飯→那就叫外送。辯證法可以將相反的意見轉換成肯定的意義。

014

absoluter Geist（德）

絕對精神

超譯

人類意識的最終目標

G・W・F・**黑格爾**（1770～1831）

德國哲學家，近代哲學的集大成者。以辯證法體系聞名。著有《精神現象學》、《法哲學原理》等書。

○可以得到真正自由的精神高度

「**絕對精神**」是指人類意識的最終目標。在近代德國哲學家**黑格爾**的哲學體系當中，它是最後的終點。黑格爾的哲學體系分成「邏輯」、「自然」、「精神」三大領域，也是依這個順序發展。其中，第三領域精神還會發展出**主觀精神**、**客觀精神**，以及**絕對精神**。

不過，黑格爾的思想體系並非像金字塔一樣封閉。假使是封閉的，絕對精神就會位於金字塔的頂端，那裡就是一切的終結。然而事實並非如此，黑格爾的體系反而是像圓環一樣的狀態，以為已經完成，卻又回到起點。

但這個起點不同於最初的起點，肯定已經發展了一個階段。也就是說，這個呈圓環狀的體系，也是持續動態發展的體系，所以絕對精神也會繼續發展。

而且，只要絕對精神仍是一種精神，人類就能繼續發展它。換言之，人類會不斷成長直，到堪稱絕對精神的精神高度，同時這個成長又會持續到永遠。

那麼，絕對精神在什麼意義上是絕對的呢？絕對精神並不像主觀精神或客觀精神，會受到自然世界和感官事物的制約，而是一種無限的精神。換句話說，即便是支持這個世界的絕對存在，類似於神的存在，絕對精神也都能掌握。而唯有**絕對知識**，才能領悟到這個絕對存在與自己同屬一體。

此外，黑格爾還在精神的本質裡看見自由，他認為只要能夠抵達絕對精神的階段，就能得到真正的自由。具體來說，真正的自由就體現在藝術、宗教、哲學等高度的精神文化之中。

哲學的應用提示

黑格爾在普魯士的大學是課程堂堂爆滿的熱門講師，善用大量又具權威的關鍵字也是他大受歡迎的原因之一。其中令大批學生狂熱不已的關鍵字就是「絕對精神」和「絕對知識」。人可以成長到絕對精神，社會和歷史可以藉絕對精神發展，這種主張也和現代的自我啟發非常契合。

015

state of nature（英）

自然狀態

超譯

不存在權威的狀態

湯瑪斯・霍布斯（1588～1679）
英國哲學家。以人造國家論為根基的社會契約概念，奠定了近代政治哲學的理論基礎。著有《利維坦》、《哲學元素》等書。

○萬人對萬人的戰爭

「**自然狀態**」是指失去國家秩序且沒有任何權威存在的狀態。通常，自然狀態是指放任的狀態，但這個詞在哲學領域，是應用於個人契約構成國家的**社會契約**論述脈絡中。十七世紀的英國哲學家**霍布斯**（Thomas Hobbes）以這個定義使用這個詞彙，因而聞名。

霍布斯堪稱是社會契約論之父。社會契約是對抗**君權神授**的理論。在君主擁有絕對權力的時代，君主仗著自己得到神授予的統治權力而胡作非為。眾多思想家為了遏止君權失控，才會孕育出君主是受到人民的契約授權統治的思想。

霍布斯的說法是人民與國家簽定契約，將權力委任於君主。因此值得思考的是，假如一開始就沒有這種統治權力，國家將會如何。

當然，人類都擁有**自然權利**。這是一種追求快樂、逃避痛苦、維持自己生命活動的權利。倘若人類為了維持生命而行使權力互相爭鬥，後果會是如何？霍布斯就將這種狀態稱作**自然狀態**。這反而會使所有人互相為敵，大家都想實現自己的欲求而相互爭奪，陷入「**萬人對萬人的戰爭**」。

為了避免陷入無秩序，人必須加以抑制自然權利，從而誕生**自然法**。也就是指每個人為追求自然權利，而達成遵守規範的共識。

但是，自然法的約束力無法跨越良心的範圍，也無法完全保證和平。因此，人才會追求外在的權力約束，這就是**國家**。而作為外在權力的國家設定方法，就是社會契約。

霍布斯將國家視為人類個體群集而成的人造人，塑造成為**利維坦**。利維坦是舊約聖經裡的海怪名稱。從霍布斯的思想中可以得到啟發，明白權力在人類社會的必要性。

哲學的應用提示

自然狀態和萬人戰爭，至今仍常常用來形容秩序的必要性。像是現在的敘利亞內戰，就處於霍布斯所謂的自然狀態，即「萬人對萬人的戰爭」體現。畢竟人類是追求自我欲求的生物，這是無可置喙的普遍事實。

016

現象學

Phänomenologie（德）phenomenology（英）

超譯 主張無意間浮現在腦海的事物中藏有真理的思維

埃德蒙德・胡塞爾（1859～1938）
出生於奧地利的德國哲學家。開創了如實記述意識現象的現象學。著有《作為嚴格之學的哲學》、《觀念論》等書。

○暫且懸置，才能邁向真理

「**現象學**」是主張無意間浮現在腦海的事物之中藏有真理的思維，為二十世紀德國哲學家**胡塞爾**（Edmund Gustav Albrecht Husserl）提出的哲學立場。

胡塞爾為了超越近代德國哲學家**康德**的**認識論**，而成功發展出現象學。根據康德的理論，主觀在原則上不可能正確認識到外界的**物自身**（32頁）；但這麼說來，根本無法客觀保證「某種認識正確無誤」。胡塞爾發展出現象學，正是為了解決這個問題，獲得作為學問基礎的確定性。

現象學具體的實踐辦法，是考察心靈的內在，並且如實記述感受、意識所賦予的內容。人類會單純地理解自己對外在世界的所見所聞，胡塞爾將這種觀點傾向描述為**自然態度**（或稱素樸態度）。

除此之外，他還提出了一個方法，就是暫且停止對世界的判斷，將這些理解放入括弧中，回歸心中的純粹意識。這個方法稱作**懸置**（Epoché）。因為他認為，懸置有助於我們邁向真理。這個過程稱作**現象學還原**。

透過現象學還原回到純粹意識的內在後，所有對象都會顯現於主觀的意識中。換句話說，將所有對象置換成自己的體驗，這個過程就是現象學還原。

那麼，如果只是純粹地凝視意識裡所顯現的世界，究竟會發生什麼事呢？

根據胡塞爾的說法，這樣就能夠直觀事物的本質。這就稱作**本質直觀**。唯有經由直觀所得到的本質，才是學問的正確基礎。現象學的特徵，在於它是一種並不追求客觀的真理，而是以自己主觀的確信為根據的理論。

哲學的應用提示

懸置是暫時將理所當然的認識和判斷放入括弧，有助於腦力激盪，以便消除偏見或跳脫常識。在資訊爆炸的年代，即便是自己思考得到的觀點，也可能是受到外界資訊操控產生的誤解。若想要回歸純粹浮現於腦海中最原始的思維，懸置無疑是現代必備的技能。

017

身心二元論

Mind-body dualism（英）

超譯

心靈與身體各自獨立的思維

勒內．笛卡爾（1596～1650）

法國哲學家。認為只有意識是無庸置疑的存在，而留下名言「我思，故我在」。著有《談談方法》、《靈魂的激情》等書。

莫里斯．梅洛－龐蒂（1908～1961）

法國哲學家。哲學史上第一個正式將「身體」視為探討主題的人。著有《行為的結構》、《知覺現象學》等書。

○心靈是一種思想，身體則是延展

「**身心二元論**」是將心靈和身體分割思考的立場，又稱**心物二元論**。如同近代法國哲學家**笛卡爾**「**我思，故我在**」這句話所示，唯有「我」的意識不容質疑，也就是賦予特權給「我」的意識。

但是，意識有了特權，就會使心靈以外的部分切割成另外的存在。根據笛卡爾的說法，心靈是一種思想，於是包含身體在內的其他存在，全都和機械一樣只是「延展」的物質。延展就是指單純占據空間維度的意思。

可是如此一來，就無法解釋心靈與身體的關係了。以常識思考，身與心應該還是有某個部分相連才是。再者，若是從科學的角度切入，就需要質疑悲傷時流淚的機制究竟是如何運作。假使兩者是性質截然不同的迥異存在，那麼又該如何解釋這個現象呢？

關於這一點，笛卡爾的解釋是，腦中有松果體可以使兩者產生交互作用。但是這個解釋毫無說服力，令後世眾多哲學家為此苦惱萬分。發源自笛卡爾的**歐洲理性主義**哲學家，像是十七世紀的荷蘭哲學家**史賓諾沙**（Baruch de Spinoza）、同為十七世紀的德國哲學家**萊布尼茲**（Gottfried Wilhelm Leibniz），結果還是以世界只能用一個原理解釋的**一元論思想**，在某種意義上解決了這個問題。

到了現代，真正深入探討這個問題的人，就是二十世紀的法國哲學家**梅洛－龐蒂**（Maurice Merleau-Ponty）。他認為身體是連結意識和世界的介面，主張世界同樣是由**「肉」**所構成。

而且，現代的**心靈哲學**（140頁）領域，融合了**感質**（146頁）的研究等科學見解，開始以全新的角度重新探討心靈的本質，以及心靈與身體的關係。

哲學的應用提示

令大多數哲學家頭痛不已的身心二元論相關課題，都屬於「身心問題」。現代的身心問題，都是以認知科學、神經科學、理論物理學等科學知識為前提來探討。特別是「心」如何誕生於屬於物質的大腦與身體中，這個問題是思考人工智慧議題時不可或缺的命題。

018 含混性

ambiguïté（法）ambiguity（英）

超譯

身體可控的一面與不可控的一面

莫里斯・梅洛—龐蒂（1908～1961）

法國哲學家。哲學史上第一個正式將「身體」視為探討主題的人。著有《行為的結構》、《知覺現象學》等書。

○世界是由單一物質構成

「**含混性**」是指身體可控的一面與不可控的一面。這是二十世紀的法國哲學家**梅洛—龐蒂**的**身體論**用語。梅洛—龐蒂認為，身體對自己而言，也有是自己與不是自己的兩面性，所以身體會在意識之外擅自形成與他人的關係，並且延續構成與世界的關係，非常厲害。

只要用右手觸摸左手，就能了解這個理論。雖然我們是有意識地用右手觸摸左手，但只要將意識集中在左手，左手就會產生被右手觸摸的感覺。因此身體擁有可以用自己的意識控制的一面，以及另外獨立存在的一面。

話說回來，含混性的意思是兩種迴異的事物混合在一起，但這裡也特別指出身體屬於自己的同時，又不等於自己的意識；也可以說是自己與外界混合在一起。畢竟除了身體之外，沒有其他的部分存在於這個世界。像是日常使用的桌子、工作操作的電腦等物品，都完全屬於自身以外的身外之物。

不單只有自己的身體，表示自己與他人身體關係的**交互肉身性**概念，也是以含混性為立論基礎。交互肉身性是指具有含混性的身體自行保持距離、在意識運作前率先與他人溝通往來。的確，我們有時會在與對方交談以前，先以身體衡量雙方的距離感。

梅洛－龐蒂延續這個論調，提出了**「肉」**的概念。「肉」是指構成世界的肉身，意即世界是由「肉」這個單一物質所構成。我們的意識和身體，全部都屬於「肉」的一部分。

以上大致解說了梅洛－龐蒂的身體論的概念，可以發現雖然我們會以意識為中心、過度思考外在事物，但實際上往往是受到身體牽引的緣故。

哲學的應用提示

隨著現代醫學和生物科技的發展，人體增強的技術愈來愈先進。比方說，高科技的義肢、VR虛擬實境眼鏡等等。從梅洛－龐蒂的論點來看，文明進步恐怕會導致意識追不上身體的變化。因為快速增強的身體，可能會強行牽引意識。

019

durée pure（法）

純粹綿延

超譯

內心的時間感覺

亨利・柏格森（1859～1941）

法國哲學家。提出「生命衝力」的概念，作為生命進化的根源力量。著有《時間與自由意志》、《創造進化論》等書。

○生命在綿延的時間中發揮「生命衝力」

「**純粹綿延**」是指內心的時間感覺。這是由二十世紀的法國哲學家**柏格森**（Henri Bergson）提出的時間概念，也是他的**生命哲學**特徵。一般人對時間的概念是呈線性的序列以量計算，比如一小時、兩小時。但是，柏格森卻不認同這個說法，他認為時間應該是在人類內在裡更直觀的存在，也就是內心的時間。

換句話說，時間的每一個瞬間都是獨立的存在，人類之所以感覺時間呈直線性進展、綿延不斷，實際上是我們在心中將無數個瞬間連結起來，使得時間能以部分反映全體的形式而得以被探索。簡單來說，時間就如同音樂樂譜中的音符，一旦有新的音符加入，整體面貌也會隨之改觀。

儘管如此，就好比時鐘錶面加上數字刻度一般，我們也只能意識到樂譜上多了一個音符的事實，而不知道樂篇全然被改寫。根據柏格森的說法，這是因為我們習慣以空間的概念來理解時間。然而空間是可以測量的維度，例如只要加上一平方公尺，房間就會變大，可是時間卻非如此。

只要重新認識時間的觀念，過去就不再是逝去之物。記憶不再只是過去發生的事件，每當我們回想起某個記憶，過去就會反覆地重生再造。這並不是記憶喚醒沉睡在腦海深處的過去，而是記憶就直接存在於過去。

柏格森以這種時間的概念為前提，推展出獨創的進化理論，那就是「**生命衝力**」，法文寫作「Élan vital」。也就是說，柏格森認為生命絕非只是朝同一方向進化的單線式發展，而是朝多個方向衝刺般地進化至今。

哲學的應用提示

假設在足球比賽中，在1分差距下進入3分鐘的傷停補時。3分鐘對落後的隊伍來說太短暫，對領先的隊伍說卻太漫長。所以柏格森認為這段時間並非以一定的節律行進。如今已然步入人生百歲的時代，100年是稍縱即逝、還是漫長無際，這種時間的概念也足以左右人生的態度。

020

純粹經驗

pure experience（英）reine Erfahrung（德）

超譯

先於經驗的原初狀態

威廉．詹姆斯（1842～1910）

美國哲學家、心理學家。從心理學的觀點發展出實用主義。著有《宗教經驗之種種》、《實用主義》等書。

西田幾多郎（1870～1945）

日本哲學家，京都學派始祖。提出絕對無的概念，奠定了日本發祥的西田哲學。著有《善的研究》、《無的自覺的限定》等書。

○日本哲學的代表——無的哲學

「**純粹經驗**」是指人類在經驗以前的原初狀態。這是開創京都學派的日本哲學家**西田幾多郎**，在《**善的研究**》中提出的概念。雖然美國哲學家**詹姆斯**（William James）早一步提出，但是西田加入日本的禪宗脈絡，更深化了這個概念的內涵。

西田說「欲疑而不可疑的直接知識」是為了追求某個實在，而答案就是尚未有主觀和客觀之分、也還無法區別**知性**、**情感**、**意志**的純粹經驗。

也就是說，人在接觸某項事物時才會對它產生經驗，但必定有個在經驗之前的階段。這個先於經驗的階段，處於自己和對象混為一體的狀態。所以這是先於經驗的原初狀態，也是在意識到事物以前的忘我狀態。

這就好比我們聽見音樂，開始思考「這是哪一首曲子」之前；或是將食物放入口中，開始思考「這是什麼食物」之前，僅僅只存在一瞬間的狀態。理論上，再怎麼短暫的剎那，從接觸對象，直到運用頭腦理解它、產生經驗以前，之間仍存在一個純粹經驗的階段。

西田在探討純粹經驗的過程中，發現了能夠實現人格的「**善**」。這同時也是他的著作書名的含義。

西田所謂的善，是無法區分自他，進而達到個人為全體人類貢獻的理念。因此這種意義的善，得以成立於尚未區別主觀與客觀的純粹意識的延伸之上。人類接觸某個對象時，會試圖與自己的意識產生關聯，透過這個過程逐漸形成自己的人格。而人格的頂點就是善。

西田也十分關心對象與意識產生關聯的「**場所**」。這是指當我們思考某個對象時，意識出現的地方，也是個會出現一切事物的無限場所。西田的純粹經驗就是如此發展成日本哲學的象徵——**無的哲學**。

哲學的應用提示

西田所說的純粹經驗和無的概念，孕育出有別於西洋哲學的思維，所以美國矽谷的高科技公司才會如此關心禪與其他東方思想。雖然西田幾多郎在日本乏人問津，但他卻是海外最著名的日本哲學家，也廣受歐美知識分子矚目。覺察的實踐，也近似西田哲學的實踐。

021 經濟基礎／上層建築

Basis / Überbau（德）

超譯

社會制度／經濟活動

卡爾・馬克思（1818～1883）

德國哲學家，經濟學家。奠定了企圖從異化中解放的「馬克思主義」。著有《1844年經濟學哲學手稿》、《資本論》等書。

○上層建築取決於經濟基礎

「**經濟基礎**／**上層建築**」分別是指社會制度和經濟活動。這是近代德國哲學家**馬克思**（Karl Marx）分析出來的社會結構。馬克思認為，人的思想與法律、政治制度等上層建築，取決於**生產方式**和**生產活動**構成的經濟基礎，

也就是說，經濟活動是根基，它決定了所有社會制度的內涵。之前的哲學家主張是思想和觀念決定經濟，馬克思的理論則是截然相反。

馬克思認為，提高生產力發展經濟基礎，最終會發生革命，導致上層建築隨之改變。這就是他獨

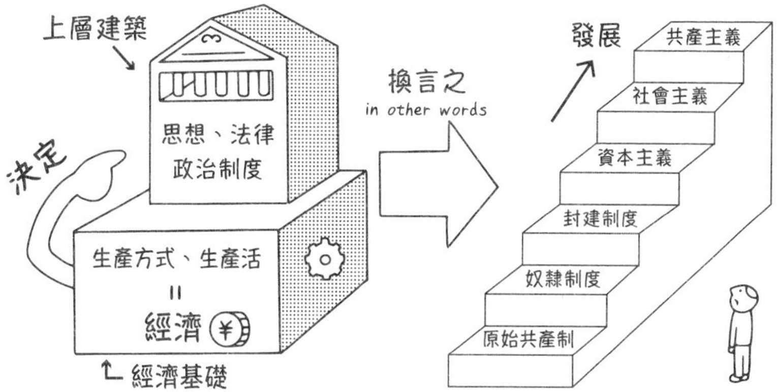

特的歷史觀點，稱作**唯物史觀**。

換言之，當生產力隨著生產性提高而偏離生產關係，這股矛盾會成為原動力，將歷史推展到下一個階段。具體來說，就是依序從原始共產制、奴隸制度、封建制度、資本主義、社會主義、共產主義進展下去。

所以，馬克思宣稱充滿矛盾的資本主義會因為革命鬥爭而崩壞，被迫因應生產力而移向社會主義；下一個階段就是依能力來勞動、依勞動來配給的社會，或是依能力來勞動、依需求來配給的共產主義。

哲學的應用提示

在商務場合中，超越馬克思的思想脈絡來看待上層建築和經濟基礎，會比較有益。因為所有事物都有規定的背景或主因，販賣商品必定有原因，商品滯銷也有原因。研究經濟基礎，或許就能找出商業發展的潛力。

022

signe（法）

符號

超譯

作為記號的言語

斐迪南・德・索緒爾（1857～1913）

瑞士語言學家。創造了結構主義語言學，對結構主義影響深遠。其思想在死後由學生整理編纂成著作《普通語言學教程》，但內容有諸多謬誤，至今仍逐步改正中。

○何謂構成符號的能指和所指？

「符號」是表示言語的記號。這是由十九世紀的瑞士語言學家**索緒爾**（Ferdinand de Saussure）提出的概念。言語具備聲音和內容這兩個元素，比方說當我們只聽到「ㄐㄧㄣ」一個音時，無法分辨這是指「金」還是「巾」意思，就是因為缺乏內容的元素。

針對這個現象，索緒爾用一個「**符號**（signe）」來解析言語，將之分解為「**能指**（signifiant）」和「**所指**（signifié）」。能指代表言語的聲音，所指代表聲音指示的內容。剛才舉的「ㄐㄧㄣ」的能指，就對應了「金」或「巾」的所指。

言語就是以這種方式，透過能指劃分「聲音」的領域，並由所指劃分「內容」的領域。索緒爾認為，事物的觀念最早是由語言符號界定內涵，當一起新的事件成為話題之後，就會依循這個過程發。換言之，這起事件最初是透過言語表現，並且加以命名之後，才得以與其他事件劃分出意義。

索緒爾運用水的化學組成「氫」和「氧」，比喻能指和所指密切的關係。水一旦分解成氫和氧，就不再是水了；同樣的道理，言語一旦分割出聲音和意義，就不再屬於語言學的領域。這時言語的實體早已不存在。

不過，假使某個能指和特定的所指相連，這個連結也不具有任何自然的關聯和邏輯關聯。證據就在於日語的狗發音為「inu」，英語發音是「dog」，中文發音則是「ㄍㄡˇ」。可見，能指和所指的連結具有恣意性。

索緒爾主張語言符號本身就有恣意性。它並不是以自然法則為基準，只不過是在特定的社會下恣意決定的記號。

哲學的應用提示

言語透過聲音與意義的連結才得以成立，這個想法可以應用於商品的命名。暢銷商品的命名都取決於聲音和意義的絕妙搭配。索緒爾的符號理論，也影響了現代商業的市場行銷和調查，同時也是思考SEO（搜尋引擎最佳化）時值得參考的概念。

023

結構主義

structuralisme（法）structuralism（英）

超譯

以整體架構思考事物的立場

克勞德．李維史陀（1908～2009）

法國文化人類學家。提出結構主義，企圖推翻西洋近代的優越性。著有《憂鬱的熱帶》、《野性的思維》等書。

○關注全體，始能發現真實

「**結構主義**」是以整體的構造，也就是以整體架構思考事物的立場。這原本是瑞士語言哲學家**索緒爾**在語言學發起的辯證，後來由二十世紀法國思想家**李維史陀**（Claude Lévi-Strauss）集大成。這裡所謂的結構，是指元素之間的關係構成的整體。簡單來說，結構主義是著眼於事物的整體構造、探索其本質的思想。常言道「專注於一棵樹，便看不見整座森林」，若要看透本質，最重要的還是放眼全體。

李維史陀最早產生結構主義思想的發端，是他在二戰受到徵召入伍時，在壕溝裡偶然發現了一株蒲公英。他從花朵優美的秩序中發掘了結構，之後，他便投入語言學等理論研究，正式將結構主義體系化。

李維史陀對於結構進行的研究，就表現在著作《**親屬關係的基本結構**》裡所舉的**交錯從表婚**例子。這是指在未開化的部族中，常有男性和屬於母方家族的表姊妹結婚的習俗。

這種習俗的確只會發生在未開化的社會，李維史陀觀察這種關係的整體結構，結果得到一大發現。那就是從男方家族的男子看來，舅舅的女兒是屬於其他的家族團體。所以，這個關係裡的男女只要組成結婚的架構，就能持續在不同家族團體之間交換成員，以延續部族的香火。

因此，若只是專注於局部的元素變化，就會忽略未曾改變的整體構造。著眼於全體，認識到整體架構從未改變的事實，才算是真正掌握結構。人們只看見這個習俗的部分現象，才會將該部落視為未開化的社會；一旦放眼觀察全體的構造，就能發現當中其實存在著完善到出乎意料的體系。

哲學的應用提示

因為只專注於一部分而未能察覺的本質，只要放眼縱觀全體就能察覺了，這就是結構主義的重點。若要找出本質，必須發現其中的規律。首先要鉅細彌遺地記錄發生的現象，乍看之下毫無瓜葛的事物也全部寫下來，接著再縱觀整體。放眼全體，才能真正開拓視野。

024

bricolage（法）

拼裝

超譯

即興

克勞德・李維史陀（1908～2009）
法國文化人類學家。提出結構主義，企圖推翻西洋近代思想的優越性。著有《憂鬱的熱帶》、《野性的思維》等書。

○以即興戰勝有限的時間和資源

「**拼裝**」就是即興的意思。二十世紀的法國文化人類學家**李維史陀**針對近代的科學思維，提出了「**野性的思維**」。這是說原始人的野性思維絕非野蠻又單純，只是出發點不同而已。以動植物的分類為例，熟悉近代科學的我們，自然會以構造或性質等內在的差異作為分類基準，但原始人卻是比較牠們外表的差異來進行**圖騰式分類**。

這之間說穿了只是基本的思考出發點不同，不能藉此斷定哪一方先進、哪一方落後。如果近代科學的特性是抽象且理性的，那野性的思維只不過是比較具體且感性罷了。

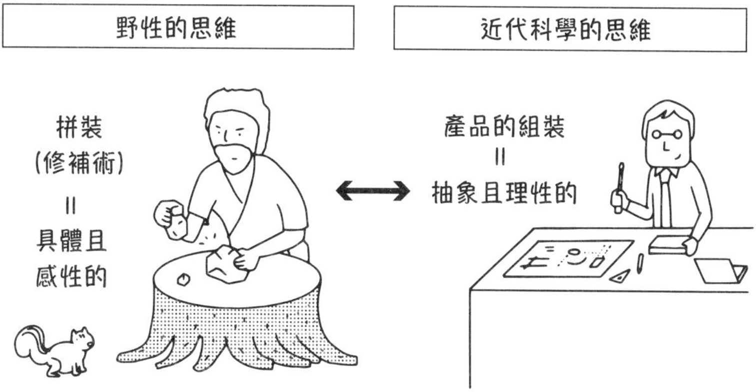

野性思維的典型就是拼裝，這是李維史陀創造的詞彙，又可翻譯為「**修補術**」，意思是將眼前現成的材料任意製作成某樣物品。大概就像業餘木工一樣。

這個過程中肯定也具備某種科學理論。李維史陀稱之為「**科學無知者的科學**」。這世上並不是只有能以理論理解的事物，在我們所不知道的地方，還有另一個世界存在。李維史陀認為可以透過拼裝來發現這個世界，不僅如此，拼裝也可見於各民族神話的編寫，神話式的思維就是一種拼裝。

哲學的應用提示

當我們必須利用有限的時間和資源一決勝負時，重點就在於拼裝，像是如何迅速因應問題、及早遏止損失。在做簡報、商務會談、面試遇到預料之外的問題時，即興發揮就是關鍵。如果順利的話，帶來的效果會比原本預備的答案更強而有力。要訓練拼裝的能力，只能多多累積經驗了。

025

post-structuralism（英）
post-structuralisme（法）

後結構主義

超譯

重視差異的現代思想統稱

雅克・德希達（1930～2004）
法國現代思想家。用解構主義顛覆西洋哲學的傳統。著有《書寫與差異》、《論文字學》等書。

吉爾・德勒茲（1925～1995）
法國現代思想家。屬於後結構主義。注重生成變化的概念，致力於創造新的哲學思想。有多部與精神分析學家菲利克斯・伽塔利共著的作品。著有《反俄狄浦斯》、《千高原》等書。

○結構主義以後的現代思想

「**後結構主義**」是指在**李維史陀**集大成的**結構主義**（56頁）以後，所發展的現代思想的統稱。時間上多半是指一九六〇年代以後的二十世紀法國現代思想。不過，後結構主義終歸屬於「後」，只是繼結構主義之後蔚為風潮的思想，未必超越了結構主義。實際上，並沒有哪個思想家聲稱自己的學說是後結構主義。

這也就意味著，近代之後的哲學都能夠稱為後結構主義，也可以說是雜七雜八全部混成一氣的思想內涵。因此近代之後的思想潮流**後現代主義**（100頁），自然也能視為後結構主義的同義詞。附帶一提，二〇〇〇年代的最新思想可以稱作**後後結構主義**，但並不代表它的評價已有定論。

不過，一般稱作後結構主義的思想，特徵是將事物固定成單一形式，創造差異的概念來對抗同一性思想。最典型的代表就是堪稱後結構主義的先驅、二十世紀法國哲學家**德希達**，以及同為二十世紀法國哲學家的**德勒茲**（Gilles Louis René Deleuze）。

德希達提出解構主義（62頁），顛覆了西洋近代被視為所與（the given）的二元對立價值觀，並且嘗試重新建構。而解構的前提就是製造差異的**延異**（64頁）概念。

德勒茲提出的思想內容也是如此，他還與精神分析學家**伽塔利**（Pierre-Félix Guattari）以「兩人合著」的方式宣揚學說，這個作法本身就打破了同一性的限制。他們也十分重視差異，陸續孕育出**塊莖**（206頁）和**欲望機器**（思覺失調患者即是「欲望機器」，亦是未經過伊底帕斯化的人）這些全新的概念。

哲學的應用提示

後結構主義起源於1968年席卷法國全土的五月風暴。這是一場抗議勞工階層權力的鬥爭，但最後的結果卻強化了保守體制，使得馬克思主義思想備受質疑。因此，德希達才構思了解構主義和延異。解構主義的思想不只限於哲學領域，也影響了政治、建築、文學等各個方面。

解構主義

déconstruction（法）deconstruction（英）

超譯

從頭開始

雅克．德希達（1930～2004）

法國現代思想家。用解構主義顛覆西洋哲學的傳統。著有《書寫與差異》、《論文字學》等書。

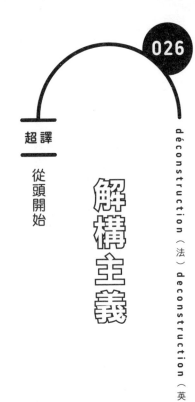

○先拆解，再重新建構

「**解構主義**」是拆解既有事物的存在狀態，再從頭開始重新建構新的形式。這是二十世紀法國哲學家**德希達**提出的概念。近代愈來愈注重以二元對立為前提預設的正確價值觀。引用德希達的說法，這種觀點的根基在於以理論性和清楚易懂的事物為優先的態度、聲音優於文字的態度、眼見為憑的態度、男性優於女性的態度，以及重視歐洲更勝其他地區的態度。

但是，這種二元對立觀點卻隱含很大的隱憂。畢竟，唯有理論性的事物才是正確無誤，這種想法正是排除差異後所得到的結論。不僅如此，以男性為優位的態度自然會貶抑女性，歐洲中心主義則會衍生出殖民統治和對外戰爭。

因此，德希達打破西洋近代哲學體系特有的二元對立立場，嘗試拆解——這就是解構的概念。解構主義是法語「déconstruction」的翻譯，是德希達將「建構（construction）」加上德國哲學家**海德格**（Martin Heidegger）的「拆解（destruction）」組成創造的詞彙。意思是拆解結構物、重新建構。這裡的重點不單單只是拆解，還有重新建構。

結構物的拆解、建構，聽起來很像是建築術語，其實這些詞彙也頻頻應用在建築領域，**解構主義建築**就是其中一例。它的特色就在於顛覆傳統建築常識的型態和理念，常見於歪斜、破碎化設計的建築。從同樣的觀點出發，解構主義除了建築以外，也應用於時尚、文學等各式各樣的領域。

無論如何，解構主義顯然並不是破壞性的行為，反而是創造性的行為。從德希達以「**解構就是正義**」的說詞，將這個概念視為理想的作法，可見一斑。

哲學的應用提示

所謂的解構主義，舉例來說是將男女這種二元對立視為問題，找出男性內在的女性化部分，和女性內在的男性化部分，是一種擺脫言語的意義、發掘新元素的思想。解構主義建築的代表人物有札哈・哈蒂。畫家安迪・沃荷和小說家托馬斯・品欽等其他領域的人物，也都深受解構主義影響。

027

différance（法）

延異

超譯

孕育出差異的原動力

雅克・德希達（1930～2004）

法國現代思想家。用解構主義顛覆西洋哲學的傳統。著有《書寫與差異》、《論文字學》等書。

○先於一切事物的根源

「**延異**」是指孕育出差異的原動力。這是二十世紀的法國哲學家**德希達**提出的概念。我們無論如何都會有一種傾向，那就是思考唯一絕對存在的價值是否存在。而質疑這個唯一絕對價值的，就是延異（Différance）的概念。

法語的動詞différer有「延宕」和「迴異」兩種意思，所以德希達才引用創造成新詞彙。附帶一提，差異différence和延異différance，兩者的發音完全相同，需要寫成文字才能辨別。因此，這個概念正好代表了德希達所批判的**語音中心主義**所打壓、孕育出差異的原理。

的確，這世上的所有存在都擁有異於其他存在的意義。於是，孕育出這種差異的原理，才是萬物的根源。換句話說，不論是什麼樣的事物，其先行的根源都是延異。延異這個概念的目的，即是否定從古代至近代西洋哲學中具有主導性的唯一絕對價值。

西洋哲學總是有個作為前提的價值觀，像是自我勝於他我、真實勝於虛假。但是，只要觀察自我和他我就能夠了解，要確認自我的存在，必須以過去的自己為基準才可能成功，而非此時此刻的自己。因為與過去的自己比較，才能判斷現在的自己究竟如何。

這裡需要注意的一點，看在現在的自己眼裡，過去的自己屬於他者，所以自我會背負著他我。

這個論調也能套用在真假和善惡之中。因為透過虛假才能定義真實，有惡才能定義善。只要這麼理解，所有預設為正確的價值便無法統一，進而推導出世上不存在唯一絕對的價值此一結論。因此如果以延異的概念為前提，就會推翻西洋哲學長久以來視為理所當然的價值觀。德希達所謂的**解構**（62頁），也就是重新看待事物。

哲學的應用提示

不論事物看起來再怎麼穩定，還是會發生空間上的差異與時間的延遲，這兩個元素合成的概念就是延異。當我們用言語表現事物時，該事物就已經成為別的事物了，而批判這個觀點的就是「現代形上學」。附帶一提，語音言語的概念法文是parole，文字言語的概念則是écriture。

028

negative Dialektik（德）

否定辯證法

超譯

刻意不統整事物的思考方法

狄奧多·阿多諾（1903～1969）

德國哲學家。與霍克海默（Max Horkheimer）共同創立了法蘭克福學派。曾在納粹掌權時期一度流亡美國。反駁黑格爾的辯證法，提出注重非同一性的否定辯證法概念。著有《美學理論》、《否定的辨證法》等書。

○追尋個體差異更勝於普遍標準

「**否定辯證法**」是刻意不統整事物的思考方法。這是二十世紀的德國哲學家**阿多諾**（Theodor Ludwig Wiesengrund Adorno）提出的概念，而且是反駁**黑格爾辯證法**（36頁）的哲學。辯證法是解決矛盾、得出一個共識的理論；否定辯證法則是拒絕達成共識。

箇中的關鍵就在於「非同一性」的概念，也可以當作差異來理解。阿多諾只是想從哲學注重同一性的立場，嘗試轉換成重視非同一性的立場。

阿多諾認為，以辯證法為前提的認識和思考，是讓眼前的對象與腦海中的概念同一化。思考就是

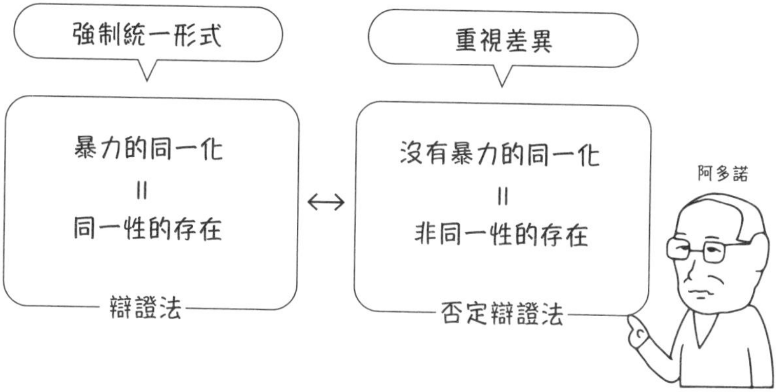

同一化。但是同一化的問題在於，會將性質特異且多元的外在事物，視情況任意變形。這等於是強制塑造對象的概念，無疑是一種暴力。

不過，思考這一行為，又需要讓眼前的對象和言語的概念同一化，也就是兩者必須相符合才能成立。因此，我們的目標應當是沒有暴力的同一化。所以不需要決定出單一的形式，而是保留其他可能性；換句話說，目標只要改成「非同一性」就好了。這樣就不是追求普遍的標準，而是徹底追尋個體的差異。

哲學的應用提示

假設有意見A和意見B，辯證法會統合兩者，找出意見C；但否定辯證法是讓意見A和意見B都保持原貌。在商務場合，我們往往會將事物整合出結論，但有些東西卻可能會因為整合的動作而遭到捨棄。我們偶爾也可以故意不找出答案，才能保留各種可能性。

029

determinism（英）

決定論

超譯

主張人類沒有自由的思想

皮耶─西蒙・拉普拉斯
（1749～1827）

法國物理學家、數學家。提出「拉普拉斯妖」的概念，主張決定論。著有《天體力學》、《機率的解析理論》等書。

○既然凡事都有定論，又何必負責任？

「**決定論**」是指一切事物都是決定好的，人類自始至終都沒有自由的思想。一切都取決於神或宇宙，或是單純的物理現象，我們的意志和行為也都是其中一環。這個論調源自古希臘時代，最著名的理論來自近代法國物理學家**拉普拉斯**（Pierre-Simon, marquis de Laplace），至今仍備受爭議。

不過，即便採用決定論的立場思考，自由也並非完全不可能。因為我們還能探討**自由意志**的存在。比方說，你現在突然開始冥想。即使這個行為是由神預先決定好的，但事實是現在的你決定這麼做、實際上也做了。如果自己現在決定並採取行動，這件事就稱作自由的話，我們就擁有自由。

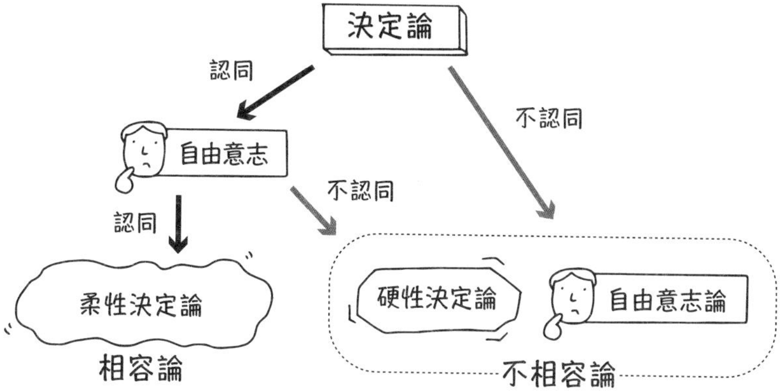

這種思考方法意味著決定論與自由意志相容，又稱作「**相容論**」；或是意味著用更彈性的觀點解釋決定論，亦可稱作「**柔性決定論**」。相對地，也有「**不相容論**」的立場。不相容論是為了堅持決定論，而拒絕承認自由意志存在，因此又稱作「**硬性決定論**」。不相容論主張決定論和自由意志不可相容，所以理論上也包含了否定決定論的立場。自由並非預先決定好的，而且也肯定自由意志的「**自由意志論**」的立場，亦屬於不相容論。

哲學的應用提示

這種爭論在實際場面上之所以引發問題，都是發生在質疑道德責任歸屬的時候。也就是說，如果一切都是預設好的、沒有個人自由，那麼不論當事人做什麼，他都不用背負道德責任。不過，這種論調在現實社會顯然會造成障礙。

030

分析哲學

analytic philosophy（英）

超譯

注重分析言語意義的哲學

伯特蘭・羅素（1872～1970）
英國哲學家。原本專攻數學和理則學，後來投身政治活動，以反戰活動聞名。諾貝爾文學獎得主。著有《數學原理》、《幸福之路》等書。

路德維希・維根斯坦（1889～1951）
奧地利出身的哲學家。提出「語言遊戲」的概念，對語言哲學的發展貢獻良多。著有《邏輯哲學論》、《哲學研究》等書。

○語言轉向催生出分析哲學

「分析哲學」是注重分析言語意義的哲學。但是關於分析哲學的確切定義，至今仍備受議論。最麻煩的是，所有哲學都是運用某些形式分析言語的意義，不少學者認為分析哲學就是哲學本身。

不過，一般所謂的分析哲學，是指二十世紀以英美為中心發展的一個哲學派系，通常是站在利用言語分析探究真理的立場。這個定義，和以近代德國與法國發展的**歐陸哲學**代表哲學家為中心的研究（笛卡爾研究或黑格爾研究等等）劃清了界線。

論及分析哲學的始祖，可能會引發諸多異議，但英國哲學家**羅素**（Bertrand Arthur William

Russell）必定名列其中。他的學生、奧地利出身的哲學家**維根斯坦**（Ludwig Josef Johann Wittgenstein）主張哲學就是分析言語，所以至少也可以肯定他提倡分析哲學。受到維根斯坦思想啟發的維也納學派，甚至還聲稱哲學的作用並非發掘真理，而是分析言語的意義。

在分析哲學登場以前的哲學形態，是用言語表現認識的事物。但羅素等人認為這就是混亂的根源，所以反其道而行，以言語分析作為主軸。這種思維的轉換，就稱作「**語言轉向**」。

隨後，西方的分析哲學研究一度沉寂；可是近年來，日本國內似乎是為了與嚴密的科學分析抗衡，分析哲學反而盛行了起來。這裡所說的分析哲學，是過去到現在的**形上學**（16頁）領域研究的主題，也就是嚴密地分析事物的存在基礎，所以又稱作**分析形上學**或**現代形上學**。因為其中探究的主題有很大一部分與傳統形上學範疇內談論的命題重複。從這一點來看，分析哲學已不單只是分析言語，而是逐漸變成嚴密地分析所有對象的學問了

哲學的應用提示

分析哲學是在英美發展而成的哲學，特別是在20世紀以後，隨著美國的影響力變大，哲學研究也逐漸從過去的德國和法國，變成以美國為中心。其實，日本的哲學研究也不例外，終究還是深受美國的影響，所以現在分析哲學才會如此盛行。

咖啡哲學

咖啡哲學（Café philosophique）意即「哲學咖啡館」，最初源於1990年代的巴黎，是由市民發起的哲學對話活動。名稱包含咖啡館三個字，實際上就是一群人在咖啡館裡鬧哄哄地討論哲學。法國真不愧為哲學國度。

這股哲學風潮頓時席卷全世界，日本雖然起步稍晚，但從2000年代起，也已經發起多場咖啡哲學活動。我也是草創時期成立哲學咖啡館的其中一員，努力至今已逾十年，陸續舉辦了1000場以上的咖啡哲學活動。

咖啡哲學的作法各有千秋，不過最重要的共通點在於，這終究是市民共同對話的場合。雖然活動難免變成像是在大學講堂上一樣，探討鑽研起有點艱澀的哲學命題，不過僅僅只有一小部分的人是為此而來。

日本擁有哲學素養的人特別少，若是流於學術討論實在沒有意義，因此，必須盡可能讓活動平易近人。我所舉辦的咖啡哲學有以下三條參加規範。

①不使用艱澀的詞彙，②不打斷別人的發言，③不全盤否定對方的意見。各位可能覺得上述每一項都是基本不過的常識，但畢竟日本人並不習慣議論，很容易輕忽這些規範，所以每次討論議題時氣氛都會變得非常緊繃。

終歸來說，咖啡哲學終究只是提供一個獨立思考的場合，用意並不在於說服對方。只要意識到這一點，自然就會遵守這些規範，共同創造出有建設性的愉快聚會。

PART 2

掌握全球的20個工具

政治經濟與全球化社會

031

意識形態

Ideologie（德）ideology（英）

超譯

思想的傾向

卡爾．馬克思（1818～1883）

德國哲學家，經濟學家。奠定了從異化中解放的「馬克思主義」。著有《1844年經濟學哲學手稿》、《資本論》等書。

○反映社會、歷史立場的思想傾向

「意識形態」是指思想的傾向。根據德國哲學家**馬克思**的說法，意識形態往往脫離社會的現實情勢，掩蓋現實存在的矛盾。這種定義下的意識形態，又譯為**虛假意識**，這個詞彙也多半使用在消極負面的語境。

馬克思運用這個詞彙來批判資本主義，他認為所有學問理論都被用來掩飾資本主義的矛盾。比方說，哲學就是其中之一。哲學看似是探究事物本質的學問，然而實際上，卻是在無意識間發揮支持、鞏固資本體制的作用。

理解意識形態的核心關鍵，就在於前述的「無意識」之中。說到底，意識形態終歸只是一種思想傾向，無論思慮再怎麼完備，難免仍有自己察覺不到的盲點。因此，當我們批評某種思想是意識形態時，自己很可能也抱有另一種意識形態。

這麼一來，擁有不同意識形態的人互相敵視，彼此拉攏認同群眾自成陣營，便形成了資本主義對上社會主義的壁壘，也就是我們所熟知的「冷戰」局面。冷戰若是持續下去，彼此再怎麼攻擊對方意識形態的缺漏，終究也不會有結果。

儘管如此，人類依然逃脫不了被某種意識形態束縛的命運。即使冷戰結束，東歐共產政權垮台、蘇聯解體，某些思想傾向依舊存續至今。而這些思想傾向同樣會互相衝突、對立，就像如今對峙的全球主義和反全球主義一樣。

如此一來，問題或許並不在於擁有意識形態這件事本身，而是單純迷信並大肆宣揚的行為了。

哲學的應用提示

意識形態在政治上無可避免。事到如今，美國和中國的意識形態對立日漸激烈，甚至到了足以稱為「意識形態戰爭」的程度。主張歷史悠久的中華才是世界中心的大中華思想，對上美國總統川普的美國優先主義，無論如何都只會走向對立。

032

populism（英）

民粹主義

超譯

排除多元化思考的態度

揚－威爾納・穆勒（1970～）

德國出身的美國政治學家。專攻政治思想史、政治理論。著有《憲法愛國主義》、《解讀民粹主義》等書。

○代為伸張人民理念的傲慢態度

「**民粹主義**」又可譯作**大眾主義**，可見這是指政治迎合大眾的態度。不過，民粹主義並沒有實際傾聽民意，只是運用容易喚起民眾共鳴的話術，以便實現政治家自己期望的變革，是很講求領袖魅力的政治形態。

當人民對政府感到不滿時，**民粹主義政治家**就會挺身而出、伸張民怨。因此，民粹主義可視為一種民主機能出現缺陷的警示。現在，民粹主義可謂席卷了世界各地。

德國出身的政治思想家**穆勒**（Jan-Werner Müller）認為，民粹主義是奠基於群眾擁有的特定道

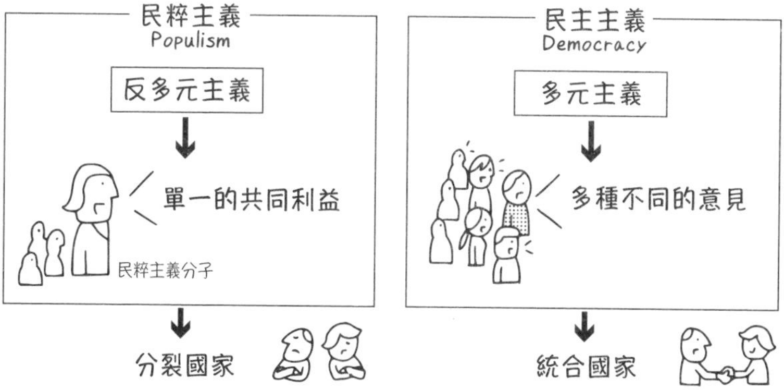

德的政治形態，放在菁英政治的對立面，是一種**反菁英主義**。所以，眾多**民粹主義分子**會迎合反菁英主義者的需求，提出一套冠冕堂皇的說詞，好像他們的立場具備**共同利益**。

然而，如果真的有這種共同利益，那麼人們根本沒有必要參與政治。民粹主義的問題就在這裡。民粹主義分子本是代替民眾宣揚主張、得到人民的包容，才能擺出一副有能力消滅菁英的傲慢態度。穆勒就是從這種不認同其他思維和道德的**反多元化主義**當中，看穿民粹主義的本質。

哲學的應用提示

川普就任為美國總統、英國退出歐盟的問題，都是發生在名為大眾主義的民粹背景之下。此外，德國、法國、義大利、奧地利等歐洲各國的民粹主義政黨也逐漸崛起，使得民粹主義的問題日益嚴重。民粹主義已多次在歷史上亮相，可見歷史就是不停地重蹈覆轍。

033

anti-intellectualism（英）

反智主義

超譯

批判智性與權威的結合

理查・霍夫士達特（1916～1970）

美國政治史學家，普立茲獎得主。著有《改革的年代》、《美國的反智傳統》等書。

○支持美國民主的根源思想

「**反智主義**」是**霍夫士達特**（Richard Hofstadter）在著作《美國的反智傳統：宗教、民主、商業與教育如何形塑美國人對知識的態度？》闡明的思想，並且採取批判知識權威和菁英主義的立場。反智主義最早扎根於基督教的平等主義，某種意義上來說，可以解釋成民主主義健全的表徵。正因為這股思想的影響，在美國以智識見長的候選人才無法當選為總統，儘管措詞語氣極度煽動人心、卻依然當選總統的川普，也可以視為反智主義的產物。

那麼，為什麼川普上台會使反智主義一詞變得耳熟能詳呢？因為川普長久以來始終批判**智性**

主義。川普因為撻伐既有勢力的權威和建制派而廣受支持。具體來說，此舉是為了攻擊民主黨候選人希拉蕊・柯林頓。希拉蕊是長年支撐民主黨政權的大人物，是建制派的代表；而且她也有雄厚的知識背景，堪稱是智性主義的象徵。

不過，我們必須注意的是，反智主義並非全盤否定智性，只是否定智性與權威結合。所以，這種思想反而追求更高的智性，以便與智性抗衡。

問題在於，為了對抗智性的智性容易落入自以為是的窠臼，這一點在川普身上顯而易見。他畢業於名校賓夕法尼亞大學華頓商學院，本應是個具備智性的菁英分子，但他的智性卻只能用唯我獨尊來形容。舉個最明顯的例子，就是儘管他有正當的理由，卻選擇在美墨邊境建造圍牆作為防堵非法移民手段。

這種反智主義是從根本支撐美國民主的強大力量，但同時也有孕育出獨善政治的不穩定要素。這麼說來，反智主義確實象徵了美國這個國家的一體兩面；換句話說，反智主義就是一把雙面刃。

哲學的應用提示

需要和美國人談生意、進一步交流時，必須要充分理解反智主義。即便是表面看似菁英的人，也分成建制派和反智主義兩種類型。從2000年的美國總統選舉亦可看出，當選的並非具備知識分子形象的高爾，而是小布希，或許就是反智主義造成的結果。

034

功利主義

utilitarianism（英）

超譯

以量化的快樂決定正義的立場

傑瑞米・邊沁（1748～1832）

英國哲學家。以「最大多數人的最大幸福」聞名的功利主義始祖。著有《政府論片斷》、《道德與立法原理導論》等書。

J・S・彌爾（1806～1873）

英國哲學家。以批判的立場承襲邊沁的功利主義，主張質化的功利主義。另外也對自由主義造成很大的影響。著有《功利主義》、《論自由》等書。

○追求最大多數人的最大幸福

「**功利主義**」是一種主張行為的善惡判斷，取決於該行為是否能帶來快樂和幸福的倫理觀念，也就是以量化的快樂決定何謂正義。這是近代英國思想家**邊沁**（Jeremy Bentham）提出的概念。

如果將這個原理套用在社會上，整體社會的幸福就是由每一個人的幸福相加而成。這就是邊沁著名口號「**最大多數人的最大幸福**」的主旨。這句口號主張，為了達到最大的社會利益，比起增加少數人的幸福，更應該增加多數人的幸福；而多數人的幸福當中，最好也要增加大幸福更勝於小幸福。

邊沁將這套理論應用於現實社會，提出打造可有效管理囚犯的**圓形監獄**（106頁），和收容乞丐的

濟貧院。犧牲不幸的少數人，這種構想乍看非常殘忍，但事實是我們依循功利主義才設計出這種制度。好比說，我們都很清楚交通事故造成多少傷亡，卻依舊以便利為考量而繼續維持機動化社會。

針對邊沁只重視量化幸福的立場，也有不少意見批評這種學說並未區分快樂的貴賤，只適用於豬隻。以批判的立場繼承邊沁學說的十九世紀英國哲學家**彌爾**（John Stuart Mill），就是此一典型。他不同於邊沁，注重的是快樂的「質」。

只要注重質，功利主義就不會是只在乎人類個性的豬學說。實際上，彌爾還說「與其當一隻滿足的豬，不如當個不滿足的人；與其當個滿足的蠢人，不如當個不滿足的**蘇格拉底**」。根據彌爾的功利主義，即使快樂的量再少，只要品質好，就稱得上是幸福。

不過，一旦注重質，以量為基準的功利主義是否就無法維持了？難道不正是因為功利主義與量化的快樂切割，才能作為清楚且實際的判斷基準，直到現代都能贏得大眾的擁戴嗎？主張以可帶來最大效益的方式助人才是正義的**有效利他主義**（82頁），即是其中一例。

哲學的應用提示

在選擇救5個人還是救1個人的火車難題裡，其中一個選擇基準就是功利主義。融入各種哲學名詞的日本科幻動畫《PSYCHO-PASS心靈判官》，故事即以一套犯罪監視系統為核心展開。這套系統會根據最大多數人的最大幸福，拘捕所有潛在罪犯，藉系統來裁判人民的未來與生死。

035

effective altruism（英）

有效利他主義

超譯

以能夠產生最大效益的方法助人才是正義

彼得・辛格（1946～）

澳洲出身的美國哲學家、倫理學家。從功利主義的立場探索動物的權利、貧窮問題等各種現代倫理學的問題。著有《動物解放》、《你能做的最大善事》等書。

○賺大錢捐款更益於在慈善團體工作

「**有效利他主義**」是指如果要幫助別人，必須採取最有效益的方法，這是澳洲出身的哲學家**辛格**（Peter Singer）提出的概念。比方說，相較於在慈善團體工作，在金融業賺錢再捐款的作法，可以幫助到更多人。辛格從**功利主義**（80頁）的立場出發，認為這麼做才是獲得最大幸福的正確選擇。

辛格原本就是著名的功利主義理論者，主張將幸福的量最大化才是正義（jusstice）。他所提倡的有效利他主義也是奠基於功利主義的思想之上；若要具體解釋，有效利他主義即是必須做自己所能盡到的「最大善事」。

舉例來說，如果想幫助別人，採取最能幫助別人的方法才是正確的選擇；比起在非政府組織擔任義工，付出大量的時間體力，卻僅能幫助一個村落的少數家庭，還不如在金融商業區賺大錢後，再捐款改善整個村落的基礎設施，更能達到助人的目的。

辛格將這種工作方式稱作「為了給予而賺錢」。為了給予而賺錢的人，會以自己的工作價值為榮，過著充實的日子。

如果想要幫助別人，
就選擇能帶來最大效
益的方法！
賺錢捐款！
>
當義工

辛格認為，對有效利他主義的批評，只要再過二十年就會成為過去的遺物。因為千禧世代的人們，比過去任何一個世代都要更關心企業的社會責任。

當然，辛格的提議終歸是以資本主義的自由競爭為前提。畢竟，如果不希望窮人變得更窮，富人能夠出手支援的體系終究還是最好的選擇。

哲學的應用提示

億萬富翁比爾・蓋茲和妻子梅琳達的慈善基金會，也是有效利他主義的實踐。因為他們將大筆捐款投入瘧疾防治。在矽谷從事科技工作的青年之間，也出於商業動機而投入社會公益、發起有效利他主義的行動。

新自由主義

new liberalism／neoliberalism（英）

超譯

政府追求自由的立場
市場追求自由的立場

J・S・彌爾（1806～1873）

英國哲學家。以批判的立場承襲邊沁的功利主義，主張質化的功利主義。另外也對自由主義造成很大的影響。著有《功利主義》、《論自由》等書。

F・A・海耶克（1899～1992）

奧地利出身的經濟學家、哲學家。奧地利經濟學派的代表人物。諾貝爾經濟學獎得主。著有《個人主義與經濟秩序》、《通往奴役之路》等書。

○兩種新型態的自由主義方針

「**新自由主義**」的政治思想有兩種。一種英語寫作new liberalism，這是在二十世紀初以英國為中心發展而成的社會自由主義思想，反對自由放任的**古典自由主義**，認為自由主義應該更重視社會公平才能實現個人自由，站在建構社會福利的立場。

另一種新自由主義的英語寫作neoliberalism，這是重視個人自由和市場原則，要求政府最小限度管制個人自由和市場經濟的立場。

這些思想在自由主義上擁有共同的淵源。比方說十九世紀的英國哲學家**彌爾**論述的古典自由主義。它的宗旨是只要不危害他人，就能保障自由的傷害原則。

不過到了十九世紀後半，工業革命造成貧富差距擴大，開始陸續爆發各種社會問題。社會主義的思想因應而生，但自由主義也為了與之抗衡而改變，成為Neoliberalism。

轉變後的新自由主義，以英國的**唯心主義**代表**格林**（Thomas Hill Green）、社會學家**霍布豪斯**（Leonard Trelawny Hobhouse）等多位思想家為主，訴求國家應為了實現個人自由而積極介入。

到了二十世紀，福利國家的思想逐漸擴大，但是到了一九七〇年代後半，先進資本主義國家面臨財政危機，使得這個思想飽受批判。批判的最先鋒，是以奧地利出生的經濟學家**海耶克**（Friedrich August von Hayek）為先驅的新自由主義。海耶克批評政府的干預，主張要盡可能擴大市場的功能。

新自由主義自一九八〇年代的雷根經濟學（美國前總統隆納·雷根提出的經濟政策）以來，注重市場競爭的經濟體系如今已然席卷全球，因此須注意這種新型態的自由主義有兩種截然不同的方針。

哲學的應用提示

全球化與新自由主義（Neoliberalism），可以說是一種共犯結構。因為所謂的全球化商業，就是利益至上，即使鑽國家法律的漏洞也在所不惜。為了反抗這種新自由主義，理性的市民不時會發起示威抗議活動。法國的罷工示威就是這種典型。

037

自由意志主義

libertarianism（英）

超譯

極端重視個人自由的立場

羅伯特・諾齊克（1938～2002）
美國哲學家。在政治哲學領域是著名的自由意志主義代表理論學家。在分析哲學方面，也對形上學的復興貢獻良多。著有《無政府、國家與烏托邦》、《哲學解釋》等書。

○自由意志主義的左派與右派

「**自由意志主義**」又譯作**自由至上主義**，是政治哲學的用語。主張自由意志主義的人就稱為**自由意志主義者**。一般而言，這是指最大限度尊重個人自由和喜好的極端個人主義立場，不過內容非常廣泛，從徹底廢除國家、到允許某種程度的國家制度的立場都有。

在新聞媒體業，從一九五〇年代開始，美國就有人自稱為自由意志主義者，支持者逐漸遍及全國，最後於一九七一年成立了「自由意志黨」。一九七四年，美國哲學家**諾齊克**（Robert Nozick）在著作《無政府、國家與烏托邦》當中，提出了「**小政府主義**」，頓時成為矚目的焦點。

自由意志主義是國家規模的指標，可以分成多種類型。首先是主張廢除國家的「**無政府資本主義**」，英文是Anarcho-capitalism。接著是以剛才提到的諾齊克為代表，主張不廢除國家，但是將國防、審判、治安維持這些國家功能降到最小限度的「小政府主義」。其他還有「**古典自由主義**」，容許提供某種程度的福利和服務的小型政府。

不過近年來，自由意志主義內部又分裂成「**右派自由意志主義**」和「**左派自由意志主義**」，衍生出重大的問題。

右派自由意志主義，是以諾齊克的小政府主義為代表的傳統立場，特徵是以「**自我所有權**」為基礎。他們將自我所有權視為**自然權利**，主張它絕對不可侵犯。也就是說，國家向富人課稅，再將這份財源重新分配給生活不濟的人，就是侵害財產權。此舉等於是將納稅人當作奴隸任意使喚。

針對右派自由意志主義，近年則有左派自由意志主義提出異論。他們也以自我所有權為前提，同樣注重**市場經濟原則**；但是最大的不同在於，他們認為平等主義的財富再分配可以同時成立。

哲學的應用提示

最重視自由的美國，可以說是自由意志主義的聖地。所以才會出現自由意志黨。PayPal創辦人之一彼得・提爾，也是著名的自由意志主義者。他為了不依附於國家賺錢，才會創立PayPal。因為只要依附於國家，就勢必要受到國家的規範。

038

自由主義

liberalism（英）

超譯

從中立立場判斷的思想

約翰．洛克（1632～1704）
英國哲學家。英國經驗主義的集大成者。以社會契約論等政治思想聞名。著有《人類理解論》、《政府論》等書。

約翰．羅爾斯（1921～2002）
美國政治學家。現代自由主義的代表理論家。批判功利主義，構築作為民主社會基本原則的倫理學。著有《正義論》、《萬民法》等書。

○貧富持續拉鋸，不斷進化的自由

「**自由主義**」是政治哲學的基本用語，此思想內涵是尊重個人的自由。不過，尊重自由的思想也有很多種類型，從主張極端個人主義的**自由意志主義**（86頁），到倡導福利國家的福利自由主義，涵蓋範疇相當廣泛。

自由主義最早起源於認為生命、自由、財產是人與生俱來的**自然權利**，應當保障人人都能恣意行使權利的思想。這就稱作**古典自由主義**，是十七世紀英國哲學家**洛克**等人提出的思想。

之後，十九世紀的英國哲學家**彌爾**的《**論自由**》繼承了這個思想。彌爾以不危害他人的前提下得以保障自由的說法，來詮釋古典自由主義。從此以後就如同大家都知道的，自由主義就是指價值觀的中立。

然而，**社群主義**（92頁）卻批評自由主義者所持的前述論點。社群主義者主張應在群體中追求**共同利益**，駁斥個人自由的價值大於群體，雙方的對立遂發展成一九八〇年代的**自由主義與社群主義論爭**。兩派癥結點在於應當重視個人的自由，還是群體的共同利益。

不過，在實際的現代社會上，自由主義代表的不單只是價值中立，而是主張更積極地促進個人自由的思想。這股現象的背景在於資本主義的進展。如何拯救人們脫離貧富差距，這個難題也逐漸成為思想層面的課題。

現代自由主義的先驅、美國政治哲學家**羅爾斯**（John Rawls）在其著作《正義論》所倡導的觀點，就是前述主張的典型代表。這樣的觀念又可以稱作福利國家型自由主義，或是平等主義式的自由主義。總結來說，自由主義是以自由為核心，形式概念會因應時代而變化，即使進入二十一世紀的現在仍然持續進化中。

哲學的應用提示

政府保障人民擁有最低所得的無條件基本收入制度，基本上就是根基於自由主義重新分配的構想。這種自由主義自近代以來受到大眾的支持，但如今俄羅斯總統普丁卻宣稱自由主義已經過時，世界目前正迎向全新的局面。

039

veil of ignorance（英）

無知之幕

超譯

用於做出合理正確判斷的前提

約翰・羅爾斯（1921～2002）

美國政治學家。現代自由主義的代表理論家。批判功利主義，構築作為民主社會基本原則的倫理學。著有《正義論》、《萬民法》等書。

○回歸原點才能做出正確判斷

「**無知之幕**」是一種披上去遮擋自己已知資訊的**思想實驗**，出自二十世紀美國政治哲學家**羅爾斯**的著作《**正義論**》。無知之幕可以讓所有人都在相同的前提下，營造出可以做出合理正確判斷的狀態，這個狀態就稱作「**原初狀態**」。披上無知之幕、進入原初狀態的人，才終於能夠將心比心，達到可以判斷出何謂真實正義的前提。

那麼，具體上該怎麼判斷出真實的正義呢？羅爾斯為此訂立了「**正義二原則**」的基準。第一原則是「自由原則」，第二原則是「機會均等原則」和「差別原則」。

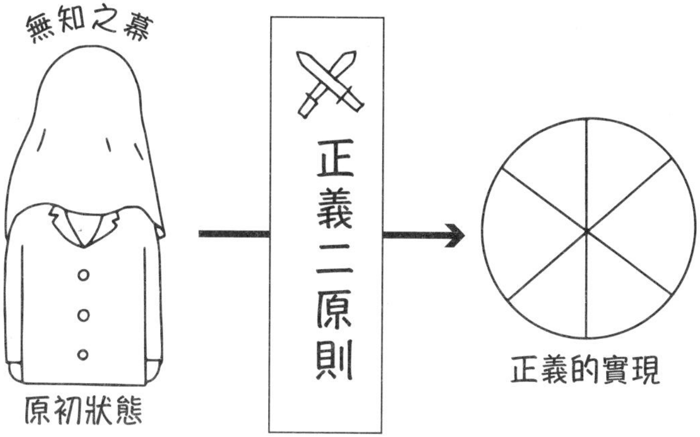

首先根據第一原則，每個人都應當分配到平等的自由，但是這裡所謂的自由，僅限於言論自由、思想自由、身體自由這些最基本的自由。接著根據第二原則「機會均等原則」，對於社會階層或是經濟上的不平等，無論處於何種地位與職業，都必須保障人人都有均等的機會去爭取。而剩下的不平等，再由第二原則的「差別原理」調整。

羅爾斯認為，只有在最貧困的人能得到最大便利的情況下，才能夠容許不平等。

哲學的應用提示

無知之幕是一種著名的思想實驗。即使我們再怎麼思考如何公平分配，人還是會不由自主地先設想自己的狀況，像是自己也會很傷腦筋、還有家庭要養之類。但是，考慮整體社會的資源再分配，必須先將私情擺到一邊。無知之幕就是為了做到這一點才產生的假設。

040

社群主義

communitarianism（英）

超譯

重視群體美德的立場

阿拉斯代爾・麥金泰爾（1929～）
蘇格蘭出身的哲學家。社群主義的代表理論學家之一。提倡德性倫理學，著有《德性之後》、《依賴的理性動物》等書。

邁可・桑德爾（1953～）
美國政治哲學家。哈佛大學教授。主張道德議論的必要性。著有《自由主義與正義的侷限》、《民主的不滿》等書

○桑德爾所謂的情境自我是什麼？

「**社群主義**」又可譯為**共同體主義**，是政治哲學用語。主張社群主義的人就稱作**社群主義者**。在一九八〇年代的美國，他們批判盛行至當時的**自由主義**（88頁），於是引發了「**自由主義與社群主義論爭**」。具體來說，社群主義者對於**自由**的批判，可以大致歸納為以下二點。

第一點，自由主義設想的「自我」概念，脫離了歷史、傳統和群體的脈絡，變成四分五裂的存在。第二點，如同**羅爾斯**的**無知之幕**（90頁）所說的，只以導向正義的過程正確度為優先，卻放棄了最重要的正義本身，也就是關於道德和善的議題。

反過來說，社群主義是一種注重自己在群體中的位置，探討道德和善的思想。其內涵本來就會因為論述者而大相逕庭。

比方說，美國哲學家**麥金泰爾**（Alasdair Chalmers MacIntyre）認為，人類在追尋對自己有益的事物時，才能獲得**自我認同**；而為了贏得自我認同，只能參照自己所屬的群體或傳統，循例而行。換言之，人類只有在自己成為具有統一性的故事的主體時，才能逐漸建構出道德判斷力。

再另外舉個例子，根據美國哲學家**桑德爾**（Michael J. Sandel）的說法，我們絕不是在特定環境中完全獨立的存在，而是與自己所屬的群體擁有緊密的關係和互動。桑德爾將這種存在的主體稱作「**情境自我**」。

情境自我是只要與自己所屬的群體關係密切，就會對群體產生依戀，並且重視自己在這裡培養的美德。這種美德可視情況稱作**共同利益**。從這層意義來看，社群主義可以說是將群體成員共有的美德與善視為價值的立場。

哲學的應用提示

熱愛自由的美國，總是把社群主義當作是社會主義思想，所以不太受到青睞。而顛覆了這種印象的大功臣，就是哈佛大學教授邁可・桑德爾。他的課程也在電視上播放，從社群主義的立場一一反駁自由主義和自由意志主義。

041

民族主義

nationalism（英）

超譯

重視民族國家的立場

厄內斯特・蓋爾納（1925～1995）
活躍於英國和捷克的歷史學家、哲學家。以民族主義的研究聞名。著有《民族與民族主義》等書。

班納迪克・安德森（1936～2015）
美國政治學家。專攻比較政治。著有《想像的共同體》等書。

A・D・史密斯（1939～2016）
英國社會學家。以批判的立場繼承了蓋爾納的民族主義研究。著有《民族的族群起源》等書。

○形成民族國家的思想和運動

「**民族主義**」是指形成民族國家的思想和運動，可以說是重視民族國家的立場。民族國家的英文是nation-state，這個nation的概念大致有兩種含義。第一種是指共同擁有某種屬性的同性質人群，第二種是指國家管轄的人群範圍。

也就是說，如果國家管轄的人群擁有同質性，民族國家就能成立。形成這種民族國家的思想和運動，就是民族主義。但是，這種民族主義的性質，代表在與其他國家的關係上具有排他性，容易造成雙方對立。民族主義一詞帶有否定的意韻，就是基於這個原因。

探究民族主義的起源，主要有三種說法。第一種說法來自歷史學家**蓋爾納**（Ernest Gellner）。他認為是近代工業化的社會才得以孕育出民族主義；換句話說，以語言為媒介的溝通互動在工業社會裡愈來愈重要，所以人們以相同的語言交談、灌輸了相同的歷史觀點。第二種說法來自比較政治學家**安德森**（Benedict Richard O'Gorman Anderson）。他認為隨著出版的產業化、資本化，以及世俗語言的普及，大眾得以閱讀、理解相同的內容。第三種說法來自英國社會學家**史密斯**（Anthony Davis Stephen Smith）的「**族群象徵主義**」。他主張民族主義並非近代以後的產物，而是擁有民族性起源的思想。

民族主義有兩種與起源無關的類型。一種是**公民民族主義**，構成國家的公民十分重視彼此共屬同一個政治原則；另一種是**族裔民族主義**，重視扎根於語言和文化等民族一體性的人民之間的聯繫。不過，人類畢竟同時具備渴望與大眾屬於同一政治團體的傾向，以及渴望感受民族一體性這兩個面向，所以不論是哪一種民族主義，都會表現出另一種類型的特徵。

哲學的應用提示

民族主義偶爾會席卷全世界，第二次世界大戰當時就是如此，21世紀的現在，世界上的民族主義趨勢也十分高漲。希望由同一民族運行國家的想法，某種程度來說是很普遍的事。但問題就在於，這種思想容易陷入偏頗的愛國主義，也有引發民族紛爭、擴大戰爭的疑慮。

042 自由民族主義

liberal nationalism（英）

超譯　自由的價值受到國家文化背景影響的立場

戴維・米勒（1946～）
英國政治學家。專攻政治哲學、政治理論。著有《論民族性》、《國家責任與全球正義》等書

約翰・格雷（1948～）
英國政治哲學家。專攻自由主義思想。著有《自由主義》、《自由主義的兩種面貌》等書。

○自由主義與民族主義的融合

「**自由民族主義**」是一種政治思想，主張自由、平等、民主這些**自由**主義所標榜的價值，但實際上卻也受到該國家文化背景強烈影響。這是以英國政治學家**米勒**（David Leslie Miller）為首，同樣是英國的政治哲學家**格雷**（John N. Gray）等人主張的概念。

自由民族主義的概念來自於人們共享長期累積下來的習慣和傳統，並且將同屬一國家的人民視為同伴、能夠互相扶持的構想。這種自由民族主義是以文化的多元性為前提，因此也是有效的多元文化共生理論。

從這層意義來看，自由民族主義名符其實，融合了**自由主義**的優點和**民族主義**的優點，共同考量兩者過去曾被忽視的價值，蘊含了促成新社會統合的潛能。

也就是說，自由主義無論如何都有輕忽社會團結的一面，缺乏凝聚國民共識的向心力，但是民族主義卻能彌補這個不足；相對地，民族主義則反映出輕忽文化多元性、多樣性的一面，而自由主義的精神剛好能夠補足這個弱項。

從另一個面向來看，自由民族主義論者往往採取否定全球化社會的態度。他們認為全球化社會缺乏建構一個國家的民主制度，無法尋求普遍的正義。

不僅如此，全球化的根本問題在於，它只是推動世界均一化，這樣反而會使人們失去原本擁有的**國族認同**。因此，自由民族主義所呈現的世界觀，就是與全球化社會站在同樣的基礎上，逐步統合凝聚出國族認同的每一個個體。

哲學的應用提示

自由民族主義崛起的背景，終歸還是在於大量移民流入歐洲，以及隨之而來的文化摩擦。移民可作為活化社會經濟的勞動力，同時又會在社會團結方面造成動盪。因此，自由民族主義掌握了解決移民問題的關鍵。

043

pragmatism（英）

實用主義

超譯 有用處才是正義的思維

約翰・杜威（1859～1952）
美國哲學家。從實用主義的立場提倡工具主義。其教育哲學也十分有名。著有《學校與社會》、《哲學之改造》等書。

理察・羅蒂（1931～2007）
美國哲學家。新實用主義的代表理論學家，著有《哲學史編纂學：四種體裁》、《偶然、反諷與團結：一個實用主義者的政治想像》等書。

○古典實用主義與新實用主義

「**實用主義**」的英語pragmatism，源自希臘語的πράγμα，意指行為和實踐。這是發源於美國的思想，又可譯作**實驗主義**。初期的古典實用主義論者有三人，理論的內涵也是隨階段逐步變化。

最早提出實用主義的人，是十九世紀的美國哲學家**皮爾士**（Charles Sanders Peirce），他用這個詞彙作為釐清概念的方法，並將科學性的實驗方法運用於概念的分析。也就是說，他主張概念的意義，其實是透過使用這個概念所產生的效果而定。而皮爾士創始的實用主義，後來由同為十九世紀美國哲學家的**詹姆士**（William James）進一步發展。詹姆士將皮爾士的實用主義方法運用於人生、宗教、世界觀這些真理的命題上，根據他的說法，所謂的真理，要站在是否對我們的生活有用處的觀點，也就是必須以實用性為基準來思考。因此，實用主義發展成更具實踐性的思想，最後由二十世紀的美國哲學家**杜威**（John Dewey）集大成。杜威將哲學的目的放在豐富我們日常生活。如此一來，思想和知識這些東西本身，並不具有任何目的和價值，只是人類為了適應環境而採取的手段。他將知識視為有助於人類行動的工具，這個思想就稱作**工具主義**。

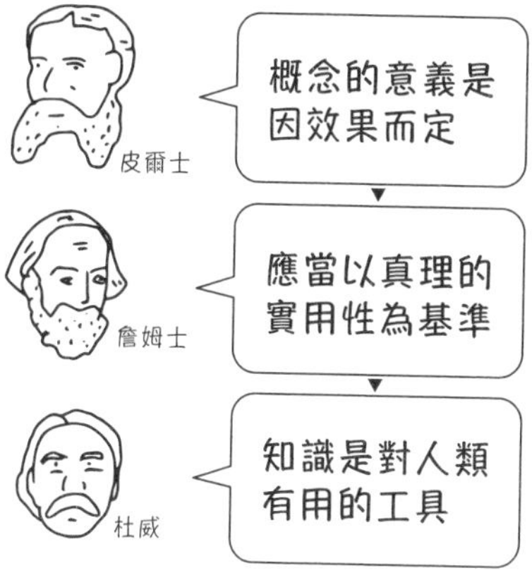
概念的意義是因效果而定
皮爾士
應當以真理的實用性為基準
詹姆士
知識是對人類有用的工具
杜威

相較之下，現代的實用主義為了與古典實用主義加以區別，而稱為**新實用主義**。比方說，現代美國哲學家**羅蒂**（Richard McKay Rorty）就提出「**新模糊主義**」，主張以過去的主流哲學為前提的二元對立思維，已遭到全盤否定。

哲學的應用提示

在一無所有的地方發展出國家的美國，總是非常敬重實用主義者，像是發明家班傑明・富蘭克林、史蒂夫・賈伯斯這些人。不受限於單一構想、而是先試做出樣品再不斷改良的設計思維，可以說是發源自美國的實用主義式商業思維。

044

後現代主義

postmodern（英）

超譯

批判近代思想的現代思想

讓－弗朗索瓦・李歐塔

（1924～1998）

法國哲學家。曾以激進馬克思主義者的身分在阿爾及利亞活動，亦參與過五月風暴。後現代主義一詞的推廣者。著有《後現代狀況》、《衍異：論爭中的言辭》等書。

○試圖擺脫近代主義的思想運動

「**後現代主義**」如果按字面解釋，就是在現代之後的意思，即近代以後的思想統稱。不過，這個詞也包含了批判近代以前思想的意涵。

話說回來，近代思想是指**盧梭**（Jean-Jacques Rousseau）和**洛克**主張國家是由市民組成的**社會契約論**，或是**黑格爾**證明人類的知性具有無限潛力的**絕對精神**（38頁），諸如此類的概念。照理說，這些近代思想將人類的理性發展到了最高峰，但是它們揭開了序幕之後，卻催生出貧窮、戰爭、大屠殺等諸多矛盾。

因此，思想家開始批判並反省近代思想的存在形式，才由此醞釀出後現代主義。其中，二十世紀的法國哲學家**李歐塔**（Jean-François Lyotard）主張的「**大敘事**」的死亡，正是典型的代表。李歐塔所指出的大敘事，是指人類共同擁有的啟蒙性思想，推動人們朝向同一個大的目標前進。

仔細想想，我們總是以社會的發展為目的作為生活目標，並且深深相信只要著重在經濟的發展，就能解決一切的社會問題。這種思維就是標準的大敘事。

然而，這個敘事最終只會導致壓抑和停止思考。因此，後現代主義可以說是試圖解決近代思想的僵局。

話雖如此，大敘事的反義概念「**小敘事**」，也就是每個人朝著各自不同的目的衝刺，這樣的社會究竟是好是壞，那又另當別論。因為沒有人知道，大敘事瓦解以後生成的無數個小敘事，究竟又會孕育出什麼。現代社會迷失了目標，讓人有種在汪洋中載浮載沉的感覺，就是基於這個原因。

哲學的應用提示

後現代主義和後結構主義可以視為同義詞，但嚴格來說兩者不盡相同。後現代主義是指近代之後的狀況，也延續到了現代；但後結構主義是指結構主義之後的思想潮流，在不斷出現新思潮的現在，它已經算是結束了。

045

公共哲學

public philosophy（英）

超譯

思考如何與社會建立關聯的行為

漢娜・鄂蘭（1906～1975）

德國出身的女性現代思想家。曾嘗試分析極權主義。現代公共哲學的先驅。著有《極權主義的起源》、《人的條件》等書。

尤爾根・哈伯瑪斯（1929～）

德國哲學家。強調論評的重要性，奠定現代公共哲學的基礎。著有《溝通行動理論》、《公共領域的結構轉型》等書。

○我們應該如何與社會建立關聯？

「**公共哲學**」是與**公共性**有關的哲學。這裡所謂的公共性，是指並非完全私有、也非完全公有的中間領域，也就是任何人都可能與之產生關聯的狀況或場所。如果將它想像成一個空間，也可以稱為**公共領域**。如果將國家視為完全的公有領域，那公共性就是指主體的個人所肩負的公民社會。

德語 Öffentlichkeit 意指公共性或公共領域，英語一般稱作 publicness；如果公共領域是指空間上的維度，英語也會稱為 public sphere。基本上，公共和公共性的英語是 publicness，公共領域則是 public sphere，但不代表兩者之間有嚴密的區別。

從這個意義來思考公共性的學問，就是公共哲學。它是從本質上追溯並思考「我」應該如何與社會建立關聯的學問。德國出身的女性現代思想家**鄂蘭**（Hannah Arendt），以及德國哲學家**哈伯瑪斯**（Jürgen Habermas）是其中代表性的先驅人物，而日本現在也非常熱衷談論公共哲學。

在日本，人與社會建立關聯的傳統方法，可以用**滅私奉公**這句口號來表現，意思是犧牲私人的「我」來使社會更加繁榮。江戶時代的封建社會和二戰前的日本將這句話奉為圭臬，在戰後的高度經濟成長期也依然有這股風潮。像過勞死這種異態演逐漸變成常態，就是最好的證明。

不過到了現代，日本已經出現了新的口號，就是二〇〇〇年代初期的公共哲學口號「**活私開公**」，意思是發揮「私我」來開拓公有的社會。現代社會講求發揮自己的力量、創造美好社會的心態。在社會中實踐哲學對話的「**哲學諮詢**」（190頁），和作為主權者教育的新科目「**公共**」，都有機會將這個理念化為現實。

哲學的應用提示

鄂蘭之所以被視為公共哲學的始祖，是因為她很重視作為人類行為的行動（action），並論述人與社會建立關聯的意義。哈伯瑪斯則是探討公共領域的結構轉型時，闡述了公民由下而上建立公民社會的意義。現代的公共哲學，也可以說是他們的思想實踐。

046

Volonté générale（法）General will（英）

普遍意志

超譯

大眾的意志

尚—雅克・盧梭（1712～1778）

法國哲學家。根據普遍意志提倡社會契約論。教育哲學也相當有名。著有《社會契約論》、《愛彌兒》等書

○建立社會基礎的共通利益

「**普遍意志**」是建立社會的大眾意志，為法國哲學家**盧梭**提出的概念。盧梭從**社會契約論**的立場出發，主張透過契約確認全體人民的意志，並服從這個意志，始能建立社會。如此一來，每個人都能連結所有人，同時又能只服從自己本身，可以和以前一樣享有同樣的自由。全體只服從全體，也就形同自己只服從自己，所以可以保障個人的自由。

此時，全體的意志便稱作「**普遍意志**」。但需要注意普遍意志和「**全體意志**」的差異，全體意志是融合了個人的特殊意志，但不論融合再多，也不會成為普遍意志。

相較之下，普遍意志具有共通的利益，因此帶有普遍性。普遍意志是將互相對立且最多人否定的意志，以及最少的意志，視為特殊意志並予以排除，將剩下的意志結算後總和而成。上述盧梭對於普遍意志的闡述有點難懂，總之，只要想成是從眾多的意志當中導出最大公約數即可。

要得出這種意志，需要經過充分的討論。因此盧梭認為，由全體討論、全體統治國家的**直接民主制**才是理想。所以，國家的規模必定僅限於小國。

不過，也有人批判盧梭的普遍意志概念，可能會造成**極權主義**與起。他們擔憂的問題核心在於，如果全體的要求都相同，這樣自由豈不是就消失了嗎？

儘管盧梭的普遍意志會衍生出很多問題，但它至今依然是個參考指標。比方說，我們是否可以將社群網站上表現出來的群眾意志視為普遍意志，或是議會質詢是否能反映選民的意志。

哲學的應用提示

普遍意志是盧梭孕育而成的概念，而法國大革命可以說是催生出這種思想的間接原因。不過實際上，羅伯斯比卻在法國大革命後實行獨裁統治，可見普遍意志潛藏著可能造成極權主義的危險。在多數人民對政治冷感的現代日本政壇，必須嚴格注意這一點。

panopticon（英）

圓形監獄

超譯

權力形成的單方面監控機制

米歇爾・傅柯（1926～1984）
法國哲學家。從一貫的權力批判立場推展出獨立的學說。著有《古典時代瘋狂史》、《監視與懲罰：監獄的誕生》等書。

○我們都像囚犯一樣受到監視

「圓形監獄」是一種有效率監視囚犯的機制，又可稱作**全景監獄**。它原本是**功利主義**（80頁）思想家**邊沁**構思的監獄設計。二十世紀的法國哲學家**傅柯**（Michel Foucault）引用這個概念，論述權力形成的單方面監視機制，才得以成名。

圓形監獄的正中央有座監視塔，周圍設置了圓環狀的囚室。這裡做了特殊的設計，從監視塔可以看見每一間囚室，但是從囚室卻看不見監視塔。也就是說，監視塔裡的守衛可以看見所有囚犯的動靜，囚室裡的囚犯卻不知道守衛正在做什麼，所以囚犯自然就會規範自己的行為。

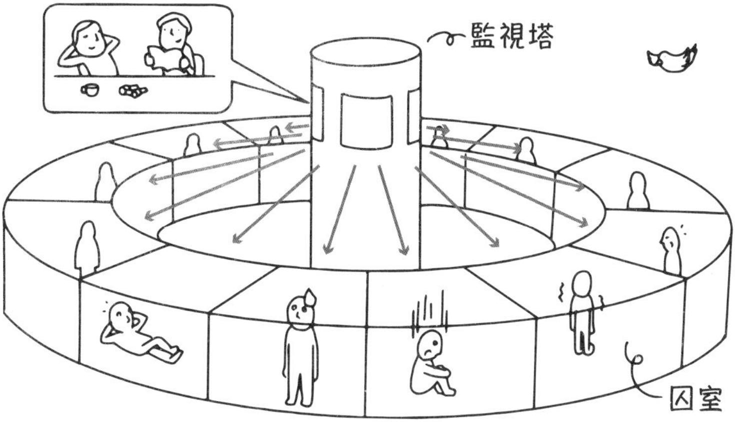

這裡具有監視者與被監視者之間視野的不均衡，這種不均衡就是權力的象徵，造成其中一方完全服從另一方的局面。

在圓形監獄裡，囚犯會懷疑自己時時刻刻受到監視，便自動成為順從的「**從屬主體**」。

於是，權力是由囚犯親自加深內化。傅柯主張圓形監獄的原理中所見的規範、訓練權力的作用，已經滲透到了近代社會的每個角落。

這個原理遍及學校、工廠、職場、醫院、軍隊等社會的各種制度，發揮和監獄同樣的效果。

哲學的應用提示

在企業公司可以透過網路取得大量資料檔案的現代，企業本身必須要有站在圓形監獄守衛立場的自覺。不過也有論調指出，現代社會就像社群網路，反而蘊釀出由多人監視一人的單景監獄形態。

048

multitude（英）

諸眾

超譯　試圖抵抗治世權力的民眾力量

安東尼奧・奈格里（1933～）
義大利哲學家，政治活動家。曾因為影響激進的政治運動而被控有罪並判刑入獄。在全球化社會下仍鼓吹新型態的共產主義。著有《帝國》、《諸眾》、《大同世界》等書。

麥可・哈特（1960～）
美國哲學家、比較文學家。奈格里的合著作者。

○ 支持權力網路的人群

「諸眾」是指試圖抵抗治世權力的民眾力量。這是義大利哲學家**奈格里**（Antonio Negri）和美國哲學家**哈特**（Michael Hardt），在共同著作**《帝國：全球化的政治秩序》**裡提到的概念。Multitude一詞，原本是十七世紀的荷蘭哲學家**史賓諾沙**的論述用語，意思是人類作為群體所共同得到的認識，這分認識可以為人類建立相互的連結。奈格里和哈特則是應用了史賓諾沙的概念。他們所說的帝國，是指操控全球化經濟的政治性主體，包含主要的公民國家，加上超越國家的制度或大企業等等，是個統治全世界的主權權力全體。

帝國是一種脫離中心、脫離領土的統治機制，也可以形容成「**網路權力**」。換言之，帝國不同於傳統的帝國主義國家，是沒有中央政府、沒有明確領土的權力，屬於全新的概念。而支撐帝國的力量，就是尚未組織化的人群，也就是**諸眾**。不過，諸眾既是帝國的力量根源，同時又與帝國抗衡，成為對抗全球化潮流的另一股勢力。

奈格里也主張諸眾是一種可以自由且對等地表現所有差異的發展性開放網路。換言之，就是認同所有差異，將它們視為自由且對等的存在。而且，它不像過去的資產階級，特徵是擁有**多數多樣性**。

構成諸眾的人們不是只有產業勞工，還包含了學生、失業人士、婦女、移民、外籍勞工等所有階層的人士。各位只要聯想那些透過網際網路集結而成的反政府民眾就會明白了。他們因為擁有相同的認識而串聯在一起，所以諸眾具有多數多樣性，同時又能共同行動。這是一種基於自律性和合作性的連結。

要對抗全球主義，取決於能動員多少諸眾之力。不過難題就在於諸眾並沒有核心，因此要動員他們並非易事。

哲學的應用提示

透過網路集結的群眾，可以直接視為諸眾。2011年美國發生的華爾街示威活動「占領華爾街」、透過社群網站推廣的運動「阿拉伯之春」，這一連串的革命行動，都是動員諸眾的實例。

049

information cocoon（英）

訊息繭房

超譯

沒有反對意見的網路舒適空間

凱斯・桑斯汀（1954～）

美國法律學家。專攻憲法學、行政法、環境法。亦有法庭和行政機構的實務經驗。著有《網路會顛覆民主嗎？》、《#共和》等書。

○所有人都置身在自己的訊息繭房之中

「**訊息繭房**」是**同溫層**的意思，為美國憲法學家**桑斯汀**（Cass Robert Sunstein）在其著作《#共和》中論述的概念。他認為正是以社群網路為首的網路技術，害人們都置身在自己的訊息繭房之中。這個詞可以令人聯想到阻隔外界的舒適空間。的確，如果我們只接受自己偏好的資訊，就能活得十分舒坦。但是，這正是民主主義的一大危機。

原因在於，要維持民主制度，就必須承受異於己見的外人見解，擁有集合式的共有經驗。訊息繭房會破壞這種環境。但是有一點一定要注意，桑斯汀並不是否定社群網路的存在價值。畢竟孤立的群體只要透過**審議**（192頁）商討自己遭遇的困境，反而有助於消除他們心中的絕望。

這裡舉一些例子，像是獨裁國家的反政府人士、癌症患者、擔心傳染病的人、身心障礙兒童的雙親、貧窮的租屋族、少數宗教的信徒之間的私人對話。桑斯汀已經充分明白網路科技帶來的這些恩惠，卻還是主張應當注意訊息繭房造成的負面影響。因為，不管是什麼樣的系統，都需要政府積極介入。即便是網站的所有者，如果想避免遭受網路恐怖主義攻擊，只能接受政府的規範。所以，問題不在於要不要設置規範，而是設置什麼樣的規範。

因此，桑斯汀提議在網站上刊登政論時，可以附上反對意見的超連結網址；或是在網頁上設置一個「新發現按鈕」，讓讀者偶然閱讀到依自己原本的思想傾向根本不會選讀的文章。他還提議在網路上運用**公共論壇理論**。這是指在公共場合上，保障每個人為了表演而發言的權力，同時也讓表演者以外的人願意聆聽發言。

哲學的應用提示

社群網路對於訊息繭房的建立有很大的貢獻。只和固定的同伴溝通交流、和思想契合的人互相按讚，網路上仇恨言論之所以橫行，就是基於這個原因。如果一個人只願意在社群網路上討論，恐怕會產生思想偏差。

050

Anthropocene（英）

人類世

超譯

用不同以往的病態地球作為大前提

保羅・約澤夫・克魯岑（1933～）

荷蘭大氣化學家。諾貝爾化學獎得主。專門研究臭氧層破洞。創造出Anthropocene（人類世）的概念。

○人類對地球的影響，掌握了地球的命運

「**人類世**」是指從古至今持續一萬年以上的**全新世**結束後，接續來臨的地質年代，是地質學用語。英文寫作**Anthropocene**，直譯的意思是人類的時代。這個詞最早是在二〇〇〇年，由諾貝爾化學獎得主**克魯岑**（Paul Jozef Crutzen）所提出。

克魯岑認為，人類對於地球系統運作的影響力過於龐大，足以匹敵自然界的巨大力量。也就是說，隨著溫室氣體的排放，現在已進入人類對地球狀態影響甚鉅的時代。這種想法不只限於地質學和環境的領域，也是在思想、哲學及其他各種領域談論新時代的論述前提。

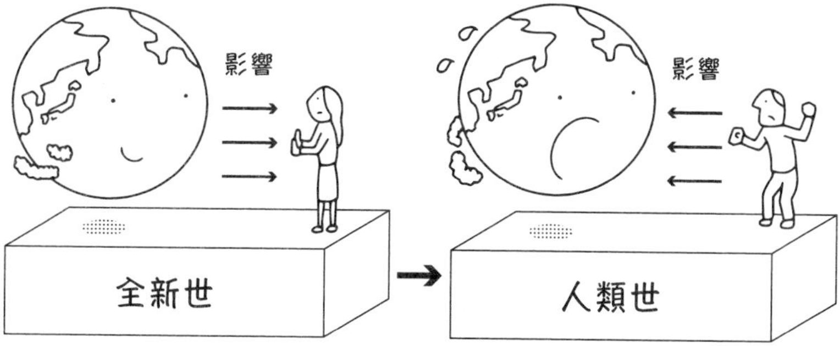

人類世的時代與過去最大的差異，在於人類所引起的地球變化，已不再是過去的思想足以解決的問題。因為地球的樣貌變化得太大，已經達到了再怎麼努力也不可能復原的程度。我們唯一能做的，只有以人類造成的病態地球為前提，思考人類該如何適應這個地球並延續下去。因此，現在才會追求完全迥異於過去的構想來解決問題。關於人類世以及身處其中的生存方法，也是二〇一九年上映的電影《天氣之子》的主題。

哲學的應用提示

人類世的概念本身，還沒有推廣到一般社會。不過，已經有個理論是用數據表示地球環境的極限、呼籲大眾避免超標，那就是地球限度理論（planetary boundaries）。此外，為了降低海洋汙染而宣導停用塑膠吸管的運動，或許也可以算是其中之一。

(COLUMN)

教育

以前的日本，只有在大學殿堂才能學習哲學，不過現今教育已然逐漸推廣至小學了。我想這是因為日本開始重視思考能力，哲學於是便雀屏中選。畢竟哲學是一門思考的學問，儘早開始接觸才能培養思考能力。

實際上，在哲學國度法國，甚至還有從幼稚園開始導入哲學教育的例子。或許有讀者覺得這也未免太離譜了吧，但只要看過法國紀錄片《只是剛開始》（*Ce n'est qu'un début*），應該就會明白這絕非不可能。

在歐美國家，獨立思考、表達自己的意見是稀鬆平常的事。其實不必大張旗鼓地談論哲學內涵，只要單純地表達想法，就已經算是在談論哲學了。

因此，雖然日本的起步晚了一些，但也已經開始推廣與孩子的哲學對話，實踐美國長年來以P4C（Philosophy for Children，兒童哲學）為名宣導推展的活動。而且令人意想不到的是，日本的大學考試也接受這股重視思考能力的潮流，甚至還影響到小學的教育。

日本的大學再度回歸重視哲學教育的道路，可是因為哲學科系愈來愈少，反而變成是為了培養解決課題的能力基礎，才會學習哲學。追根究柢，哲學終究是一種思考的方法，即便稱哲學是一種超脫常識的思考，或是為了學習這種思考能力而做的訓練都不為過。日本的哲學教育就是以這種方式，從小學到大學，進行大幅度的改變。

PART 3

ENCYCLOPEDIA OF PHILOSOPHY TERMS

預測未來的30個工具

近未來社會與科技

051

épistémè（法）episteme（英）

知識域

超譯　知識的架構

米歇爾・傅柯（1926～1984）
法國哲學家。發現可稱之為知識考古學的研究手法。從一貫的權力批判立場推展出獨立的學說，著有《古典時代瘋狂史》、《監視與懲罰：監獄的誕生》等書。

○知識域會隨著時代改變

「知識域」是指**知識的架構**，這是由二十世紀的法國哲學家**傅柯**提出的概念。傅柯從全新的觀點，重新詮釋知識並以此概念而聞名。我們所學的學問會隨著時代改變，所以必須因應變化，發展出新的教育。

那麼，學問究竟是如何進化的呢？這就與傅柯提出的知識域有密切關聯。知識域一詞的原始的出處是希臘語 επιστήμη，意指「學術的認識」，也就是知識。像古希臘哲學家**柏拉圖**，就將理性導出的知識視為知識域，用來對比只是出於單純主觀的**臆見**（doxa）。

相較之下，傅柯在著作《**詞與物**》裡，則是用這個詞來表達獨特的知識狀態。知識域不是指個別的知識，而是那個時代所有學問裡共通的、規定所有知識成立條件的根基。傅柯認為，釐清知識的根基，才能建構學問的基礎。

的確，不同研究者研究同一個對象時，觀點也會因時代而有所不同，因為知識是受到世界的架構影響而形成。傅柯的目的就是探索這種知識架構的歷史。探索的方法類似於考古學，而這種考古學式的調查結果，可以分為四種時代的知識域。

這四種知識域依序是十六世紀的文藝復興知識域、十七世紀和十八世紀的古典主義知識域、十九世紀的近代人類主義知識域，以及今後可能會出現的知識域。

我們往往認為知識和學問是普遍且連續發展，但事實上，它們都是我們在不知不覺間受到時代制約下的產物。換句話說，只要作為知識根基的知識域改變，隨之而來的新知識域所規範的新學問就會成立並取而代之。

哲學的應用提示

傅柯宛如發掘知識的地層一般，從知識考古學的構想當中找出了知識域。由此可見，知識域會不斷培養、生長，而且還可能隨著狀況培育出未來的知識域。尤其是在人工智慧為生活帶來劇烈變化的現代，或許正需要培養出新的知識域。

052

Einbildungskraft（德）imagination（英）

想像力

超譯

技術帶來的創造力

伊曼努爾・康德（1724～1804）
德國哲學家。論證人類理性的極限，同時在倫理學領域追求無條件的正當行為。著有《純粹理性批判》、《實踐理性批判》等書。

三木清（1897～1945）
日本哲學家。以獨特的觀點發展存在主義哲學。曾幫助推廣馬克思主義運動。著有《人生論筆記》、《歷史哲學》等書。

○天才因為想像力而創造出新作品

「**想像力**」源自**邏各斯**（有條理的話語）和**情感**，是統一兩者後塑造成形的作用。這是日本哲學家**三木清**提出的概念。

想像力這個想法本身，起初源自近代德國哲學家**康德**。康德在著作《**純粹理性批判**》裡，提出有助於認識所有概念的圖式。這個圖式可以形象化，再從這個形象導出概念。而孕育出這個圖式的，就是想像力。

此外，康德還在《**判斷力批判**》中，談到天才是透過想像力來創造出新的圖式。

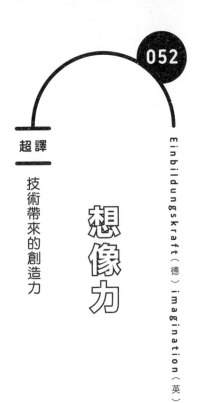

三木研究的正是這個**天才理論**。康德提出關於天才的四種特性。第一種是天才的作品具備獨創性；第二種是天才的作品必然沒有一般的普遍性，以免成為毫無意義的存在；第三種是天才的創作過程必須遵循自然；第四種則是天才的作品僅限於藝術領域。

三木超越了康德設定的制約，以獨自的詮釋，將天才的想像力推展成任何人都能使用的能力。因為，所有人每天都是以某種形式從事創造的行為。

根據三木的說法，人類利用想像力塑造成形，這正是人類與動物的差別所在。換言之，人類與動物不同，並不只是順應外界的環境，而是試圖透過想像力改變環境。人類對外界造成的作用，就是技術。

倘若想像力即是技術、技術即是塑造成形，那麼或許可以說自然其實也擁有技術，因為正是自然將岩石和植物塑造成某種形狀。也就是說，技術的主體未必是人類。事實上，三木認為自然具備這種想像力。比方說，也可以將動物的進化視為一種適應環境的技術。這麼一來，人類的想像力就廣義而言，也隸屬於自然的想像力。

哲學的應用提示

商務場合當然很講求構思的能力。特別是伴隨技術發展而來的概念，對今後的科技時代會愈來愈重要。而且，人工智慧的問世使得現在更加講求人類的創造性，想像力也可能成為追求人性的工具。

053

可否證性

falsifiability（英）

超譯

證明謊言的可能性

卡爾・波普爾（1902～1994）

奧地利出身的英國哲學家。主張可否證性是純粹科學性言論的必要條件。大肆批判「開放社會」的極權主義。著有《科學發現的邏輯》、《開放社會及其敵人》等書。

○無法證明謊言的邏輯稱不上科學

「**可否證性**」是指證明謊言的可能性，為二十世紀美國哲學家**波普爾**（Karl Raimund Popper）提出的概念。波普爾認為邏輯這種東西，只有在能夠證明謊言的時候才能算是科學。

也就是說，因為完全客觀的科學並不存在，所以能夠充分說明如何否證，才符合真正意義上的科學。無法證實是否為謊言的事，充其量只是非科學性的存在。

我們更詳細一點來看這個否證的邏輯結構。如果要否證具有某種定律的事情（這稱作**嚴密全稱述句**），只要主張這個否定為真就好。

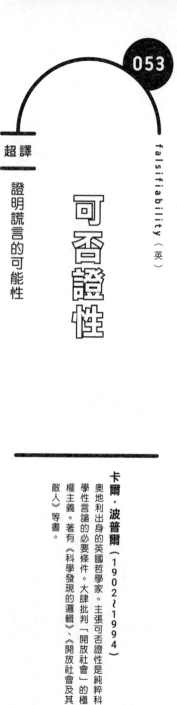

「所有烏鴉都是
黑色。」

嚴密全稱述句

「並不是
所有烏鴉
都是黑色。」

否定操作

「這世上有不黑
的烏鴉。」

純粹存在述句

如此一來，導出的內容就會成為否證的證據（這稱作**純粹存在述句**）。

以烏鴉作為例子，假使我們否定「所有烏鴉都是黑色」（**嚴密全稱述句**），句式就會變成「並不是所有的烏鴉都是黑色」（**否定操作**）。這裡因為加入「並不是」的否定操作，才能夠導出「這世上有不黑的烏鴉」（**純粹存在述句**）的否證結果。

實際上，大自然界裡也的確有羽色並非黑色的烏鴉（白烏鴉）存在。

哲學的應用提示

釐清某件事是否屬於科學，有時候也足以決定我們的生活方針，特別是在科技的時代，新技術陸續問世。但如果一味迷信這些技術，很有可能會害我們走錯路。所以，我們必須時時懂得分辨真科學和偽科學，免得像STAP細胞造假*之類的事件再度發生。

*譯註：STAP細胞為2014年日本理化學研究所研究員宣稱發現的新型萬能細胞，但經調查後證實論文造假，細胞並不存在。

054

Ge-stell（德）

框架

超譯

技術的發展會逐漸席捲人類

馬丁・海德格（1889～1976）

德國哲學家。主張人應當意識到自己是無可替代的「向死的存在」。著有《存在與時間》、《人文主義書信》等書。

○名為工業的龐大技術團塊利用了人類

「**框架**」是指逐漸席捲人類的技術浪潮，為二十世紀的德國哲學家**海德格**提出的概念。每一個獨立的人，都會為了自己的生存和利益而做好工作。但是從全體來看，可以解讀成是工業這個巨大的**技術團塊為了再度生產自己，而利用了人類**。

顯然，當人愈是接近技術的本質，與其說是人類使用技術，反而是技術在部署人類、驅使人做出特定的行動。人類以為技術是自己活動下的產物，但其實是技術成為一個名為工業的巨大技術團塊，限制人類的存在、規範人類的狀態。海德格就是從技術的觀點切入，論述這種現代人類存在的制約性。

海德格運用「**框架**」（Ge-stell）一詞來形容工業化後的社會現象，原文直譯的意思是「**集－置**」或「**集合驅動裝置**」，彷彿要拉出人類隱藏在內部的東西、被視為可使用的對象一般，也可以說是一道卷走人類的浪潮。簡單來說，就是我們所有人都在不知不覺中被卷入了技術的發展之中。

當然，海德格對於這個事實採取批判的態度。他認為人類一旦卷入了技術之中，最後就會變得無法否定技術的整體。根據海德格的分析，現代的大規模技術活動導致情勢愈演愈烈，人類只是一顆被利用的技術棋子。如此一來，人類便無可避免地失去人性，甚至早早便被領進絕望的深淵。

儘管人類無法抗拒某項技術或是技術全體，但是在技術步步逼近生活各個層面的過程中，人還是有辦法努力馴養技術、化科技技術為己用，多少降低甚至全然避免問題的發生。所以，我們首先應當要做的事，就是分辨技術的本質。

哲學的應用提示

福島第一核電廠意外等事件，啟發人們重新思考框架的概念。在商業場合，技術並不是漫無目的任意發展，而是講求本質上的觀點，像是人類與技術之間應該建立什麼樣的關聯等等。因為技術一旦問世，不管我們之後有多麼清楚它會危害人類，也無法消除它了。

055

Neue Realismus（德）new realism（英）

新現實主義

超譯 主張事物的存在符合想像的立場

毛里齊奧・費拉里斯（1956～）
義大利哲學家。與馬庫斯・加百列共同提倡新現實主義。專攻詮釋學、美學、本體論。著有《詮釋學史》、《文件性：為什麼有必要留下痕跡》等書。

馬庫斯・加百列（1980～）
德國哲學家。專攻謝林的後期學說。提倡新現實主義，有天才哲學新秀之稱。媒體曝光率很高。著有《為什麼世界不存在》、《神話、瘋狂與笑聲：德國唯心論中的主體性》等書。

○「世界不存在，但獨角獸存在。」

「**新現實主義**」是義大利哲學家**費拉里斯**（Maurizio Ferraris）和德國哲學家**加百列**提倡的**新本體論**，兩人在二〇一一年創造這個名稱。雖然他們的思想不盡相同，但共通點是都試圖超越**客體**作為**主體**（18頁）建構的結果而生的傳統**建構主義**概念。這裡介紹加百列最廣為人知的新現實主義。

加百列在其全球暢銷著作《**為什麼世界不存在**》當中，簡單清楚地解說了新現實主義的概念。比方說，我看見一座山，這句話僅僅只是意味著實際存在的那座山，還是意味著從各個地方看見那座山的所有人的視角？他列出很多種解讀這個狀況的立場，並提出以下的立場。

當然，現實中存在各種能作為我們思考對象的事實，而攸關這些事實的思考也存在於現實。換言之，對觀察者而言的世界，與沒有觀察者的世界，兩者同時存在。這就是新現實主義。

確立了這個前提以後，雖然會變得像是平行世界一樣，有多少觀察者、就有多少個世界，但是並沒有能在外看著這一切的觀察者存在，所以結論是包含了這所有世界的單一「世界」不存在，因此才能斷定「世界不存在」。

這也與加百列稱作「**意義領域**」（126頁）的概念有關。人類能夠認識的，只有自己意識到並作為認識對象的領域。然而，世界是一種意味著「一切」的概念，既然人類無法認識一切所在，那麼世界對人類而言就不存在。附帶一提，費拉里斯與加百列的觀點歧異，在於他認為這個意義領域並非存在大腦或概念之中，而是在於環境或**支應性**（156頁）當中。

事物依循我們發現的意義而實際存在，這是一種前所未有的嶄新想法，可以開拓出各種可能性。

哲學的應用提示

馬庫斯・加百列之所以廣受矚目，很大的原因在於學術界對外宣傳他是德國史上最年輕的大學哲學教授。這也是因為人文科系學院為了學術復興，渴望能夠捧出一位吸引大眾目光的超級巨星。更何況他的思想會令人聯想到平行世界，有望推展出近未來的學說，所以很難不受到矚目。

056

意義領域

field of sense（英）

超譯

事物具有意義並顯現的場所

馬庫斯・加百列（1980～）

德國哲學家。專攻謝林的後期學說。提倡新現實主義，有天才哲學新秀之稱。媒體曝光率很高。著有《為什麼世界不存在》、《神話、瘋狂與笑聲：德國唯心論中的主體性》等書。

○ 事物若沒有意義領域便不存在

「**意義領域**」是提倡**新現實主義**（124頁）的德國哲學家**加百列**的核心概念，他認為所有事物都會在意義領域裡顯象。換言之，意義領域就是事物具有意義並顯現的場所。

意義領域也可以視為每一個人各自的視角。事物任何一個面向都能進入人的視角，由此顯現於這個世界、擁有意義。我們眼前的紅色物體，是因為我們認為它是蘋果，才誕生蘋果的意義並存在。

如果是完全不知蘋果為何物的人看見它，可能會覺得它只是顆奇怪的紅色球體罷了。因為對那個人而言，蘋果是作為一顆奇怪的紅色球體顯現在意義領域。不過，這樣並不是創造意義，引用加百列

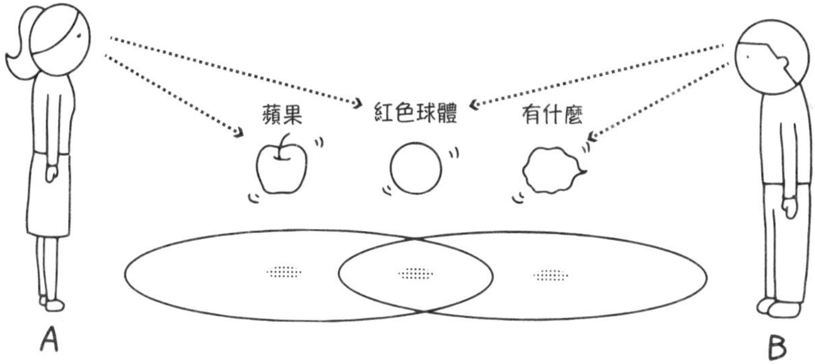

的說法，這是因為蘋果原本就具有奇怪紅色球體的意義，並顯現在那裡。也就是觀看者只抽取到這個意義而已。

既然抽取意義的方法因人而異，為什麼我們還能共享事物的意義呢？這是因為我們彼此的意義領域有部分的重疊與交叉。如果我說「這個是紅色」，這句話指稱的範圍也涵蓋不知道蘋果的人能夠理解的部分；但要是你說「這是蘋果」，那麼彼此的理解就無法契合了。更進一步說，如果沒有意義領域，事物其實也就不復存在。

哲學的應用提示

事物在意義領域裡才會顯現出形體，而且這裡所說的顯現形體，是指實際存在的意思。所以只要我賦予它意義，就連獨角獸和聖誕老人都存在。這種未知的可能性，從預知未來的角度來看，可說是一大魅力。

057

相關主義

correlationism（英）

超譯

主張事物只會基於與人類之間的相關性而存在

伊曼努爾・康德（1724～1804）

德國哲學家。在倫理學領域追求無條件的正當行為。著有《純粹理性批判》、《實踐理性批判》等書。

甘丹・梅亞蘇（1967～）

法國哲學家。為著名哲學家阿蘭・巴迪歐（Alain Badiou）的學生兼得力助手而聞名。思辨實在論的代表人物。著有《有限之後：論偶然的必然性》等書。

○不存在人類無法思考之物

「**相關主義**」是主張事物只會基於與人類之間的相關性而存在的思想內涵。法國哲學家**梅亞蘇**（Quentin Meillassoux）提倡的**思辨實在論**（130頁），便是連同相關主義在內、所有稱作**思辨轉向**的思想都批判的概念。舉例來說，因為人看得見所以事物存在、因為摸起來感覺堅硬所以帶有堅硬的屬性，強調思維與存在物的相關性，也可以說是指以人類為中心思考一切事物的方法。

在哲學的世界，最晚自近代德國哲學家**康德**推展出認識論的劃時代論述以來，長年來都是以這種相關主義作為大前提，展開哲學討論。康德主張並非人類直接認識對象，而是人類在認識能力的範圍內認識對象。

然而，梅亞蘇卻質疑這種前提。如果以相關主義為前提，人類便無法思考他們不能認識的事物。康德將這種無法思考的事物稱作**物自身**（32頁）。比方說，杯子在人類看得見、摸得到的範圍內，是可以認識的物體；但理論上，杯子要是位在人類不可認識的範圍內，就不可能認識它，這就是杯子的物自身。所以梅亞蘇批判相關主義，並試圖跳脫、證明人類思考物自身的可能性。

梅亞蘇為了跳脫相關主義，而大膽採取了貫徹相關主義的方法，也就是貫徹以人類為中心的相關主義，必定能找出人類不可能思考的部分。說不定，這世界可能會變成不是現在這副模樣，這個世界可能會偶然變成完全不同的世界。

梅亞蘇之所以提出「**偶然的必然性**」，就是基於這個緣故。偶然的必然性，是指這個世界無非是受到偶然所支配，所以一切才可能在某個瞬間徹底改變。

哲學的應用提示

反駁相關主義的思辨轉向是全新的思想，往往令人費解。它成立的背景，可能在於我們長年以來視為常情的認識常識。也就是說，對人類而言，認識終究還是主體去掌握客體，只要這股感覺沒有相對化，我們便難以去理解新的思想。

058

思辨實在論

speculative realism（英）

超譯

事物的存在可能與人類的認識無關

甘丹・梅亞蘇（1967～）

法國哲學家。為著名哲學家阿蘭・巴迪歐（Alain Badiou）的學生兼得力助手而聞名。思辨實在論的代表人物。著有《有限之後：論偶然的必然性》等書。

雷・布雷席耶（1965～）

英國出身的哲學家。研究思辨實在論脈絡的理論家之一。貫徹虛無主義、提倡滅絕的真理。著有《解放虛無》等書。

○ 這個世界是由偶然所支配

近年來，以歐洲為中心孕育出一股名為**思辨轉向**（Speculative turn）的新哲學潮流。「**思辨實在論**」就是以這股潮流為中心的思想。具體來說，這是法國哲學家**梅亞蘇**在其著作《**有限之後：論偶然的必然性**》提出的思想。

梅亞蘇提出**相關主義**（128頁）的概念，這是受到OOO（132頁）等思辨轉向的思想潮流共同批判的關鍵概念。相關主義主張事物只會基於與人類之間的相關性而存在，舉例來說，因為人看得見，所以事物才存在；因為人摸起來感覺堅硬，所以具備堅硬的屬性。相關主義的思想內涵便如上述舉

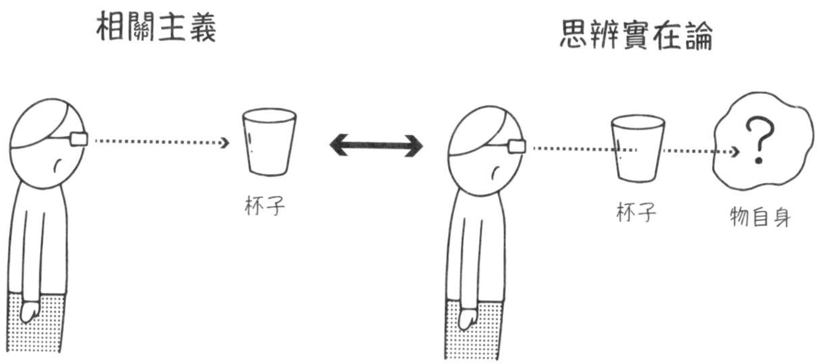

例，也是以人為中心思考一切事物的思維方式。

梅亞蘇進一步對此提出異議，因為這樣一來，這世上必然會存在人類不知道的部分。說不定，世界可能會變成並非現今如我們所熟知的模樣，這個世界可能會偶然變成完全不同的世界。

除了梅亞蘇之外，同樣在思辨轉向的思潮中占有一席之地的美國哲學家**布雷席耶**（Ray Brassier），則是從相反的角度思考，主張科學向我們證明的現象並非事物的本質。他認為世界一切所有的本質終將回歸虛無，因而提倡滅絕的真理。

哲學的應用提示

思辨實在論的潮流對思想界造成衝擊的原因，在於它的創新。因為自後結構主義思想在20世紀末登場以來，思想界再也沒有掀起任何驚濤駭浪，好不容易才等來這股許多理論家都支持的思想潮流。思辨實在論之所以又稱作後後結構主義，就是出於這個原因。

Object-Oriented Ontology（英）

OOO

超譯

世界只是由物體所構成

格拉厄姆・哈曼（1968～）

美國哲學家。專攻形上學。思辨實在論潮流的推手。提倡物體導向本體論（OOO）。著有《四重物件》等書。

○所有物體都是隱蔽的存在

「OOO」是指**物體導向本體論**，為美國哲學家**哈曼**（Graham Harman）所提出的理論。哈曼的OOO是假設只有物體存在的世界。在那個世界裡，物體和人類、所有一切都是對等的關係，而且物體之間沒有關係、都是獨立的存在。哈曼將這種狀態，形容為所有物體都是隱蔽的存在。

哈曼為了解釋自己描述的這個世界，用了四種極端的交互關係來概括所有對象，即**實在客體**、**實在性質**、**感知客體**、**感知性質**。四者統稱為「**四方**」。

感知客體是指在我們的意識中顯現的所有對象，不是只有杯子這類實在的物體，也包含了幽靈這

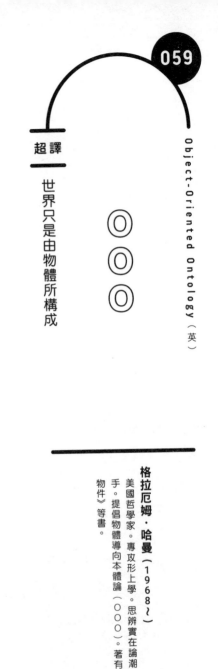

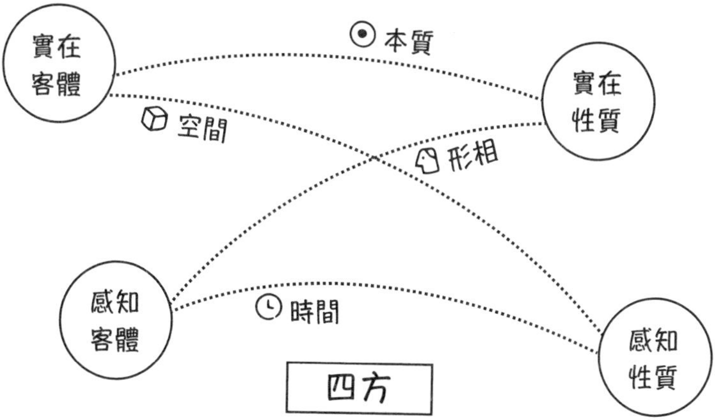

些抽象之物。這些物體的顯現方式，取決於我們自己置身的環境而瞬息萬變，就好比杯子會因為光線照射而變換色彩一樣。這就稱作**感知性質**。

相對地，**實在性質**則是事物本質上的性質，**實在客體**則是隱藏了這種性質的實在，也就是哈曼所說的隱蔽狀態。

換句話說，事物的本質平常多半是處於隱蔽的狀態，直到某些時刻或條件下才會突然顯現出真貌。就好比杯內的水喝光了以後，我們才會猛然意識到杯子本身的存在一樣。

哲學的應用提示

OOO 理論受到支持之處正在於其實踐性。思想之所以有影響力，是因為現實社會發生事件並交互作用，才得以產生龐大的力量。好比說德希達的解構主義應用在建築上，OOO 也是因為應用在建築和藝術領域，至今才發展成一種超越哲學界的認知思維。

060

新唯物主義

new materialism（英）

超譯

以物質為中心的世界觀

曼紐爾・迪蘭達（1952～）

墨西哥裔美國哲學家。熱衷探討城市和建築議題，任教於建築系。著有《聰明機器時代的戰爭》、《新社會哲學：聚集理論與社會複雜性》等書。

弗朗索瓦・達高涅（1924～2015）

法國哲學家。研究身體哲學。著有《生物倫理》、《重新物化》等書。

○物體是獨立的存在，物體會孕育自己的價值

「**新唯物主義**」簡單來說，就是以物質為中心來思考世界的立場。**唯物主義**是主張心靈和精神的根源都在於物質，也可以說是站在萬物的根源來自物質、而非精神的立場。

相較之下，墨西哥裔美國哲學家**迪蘭達**（Manuel DeLanda）認為，新唯物主義重視物質的意義，這一點與傳統唯物主義並沒有差異。不過，以往的唯物主義，幾乎都是站在**馬克思**的人類中心主義立場，但新唯物主主義卻是站在非人類中心主義的立場。比方說，馬克思認為價值終歸來自人類的勞動，迪蘭達卻主張價值來自火車頭、煤炭、工業組織本身。這種想法，可以說是顛覆了我們長久以

來視為前提的物質生成大原則。

我們長久以來視為前提的思維，認定是由人類，或者說是所有生物的意志孕育出事物、改變世界。換言之，我們一直深信如果沒有大腦，便無法孕育出價值。然而，迪蘭達以自然現象為例，全盤否定了這種觀念。確實，自然現象並不是由大腦引起，好幾種單細胞生物亦是如此。

那麼，在這個物體獨立存在的世界裡，人類的心靈究竟是如何與世界產生關聯的呢？能夠回答這個疑問的，就是法國哲學家**達高涅**（François Dagognet）提出的新唯物主義思想。

達高涅為了對抗過去重視精神的哲學歷史，因而提倡復興唯物主義。但是，擴大物質性的評價，往往偏向過度小覷觀念的立場。然而達高涅反而是從唯物主義的立場，重新定義了心靈的意義。達高涅主張生命可以避免物質消散，人類的意識能夠延長、拯救生命。人類就是以此為目標，不斷精進技術。也就是說，心靈不單只能認識物體，還會更積極地與物體建立關聯、拯救物體。

哲學的應用提示

一如新唯物主義的支持者所說，物體可能是自立的存在，這種想法在人工智慧時代反映了現實。IoT（Internet of Things：物聯網，物體透過網路傳輸並交換資訊、互相控制的機制）的流行，正是這種思想的最佳佐證。這個觀念預測在不久的未來，以物體為主的社會將會來臨。

061

post humanities（英）

後人文學科

超譯

非人類中心主義的知識架構

羅西・布拉伊多蒂（1954～）
義大利哲學家、女性主義理論家。任教於荷蘭烏特勒支大學。著有《不和諧的模式：女性主義與當代哲學的研究》、《後人類》等書。

○重視與人類以外的他者的關聯

「**後人文學科**」一言以蔽之，是試圖扭轉人類中心思想的思潮。其中的代表典型，就是**思辨實在論**（130頁）。像是現代法國哲學家**梅亞蘇**以否定的觀點看待人類認識事物的相關關係，還有現代美國哲學家**哈曼**的OOO（132頁）提出只有客體存在的世界觀。假設世界是以物質為中心的**新唯物主義**（134頁），也屬於這股思想潮流。

關於這方面，義大利出身的哲學家**布拉伊多蒂**（Rosi Braidotti）在其著作《**後人類**》中，用圖示整理出這種後人文學科的思潮意義，值得參考。所謂的後人類，是探討我們人類與這地球上的其他生

物建立關聯時，作為共通參照項目的基本單位是什麼的問題。

在這個人類擁有地質學性的力量、足以影響地球所有生命的時代，即所謂的「**人類世**」（Anthropocene，112頁），後人類的觀點能幫助我們的思考超越過去的人類中心主義。

其實，《後人類》這本書的副書名題為「適合新型態人文學科」，而這也正是布拉伊多蒂的核心思想。她從後人類的觀點出發，企圖為瀕臨危機的大學人文學科帶來新的氣象。

哲學的應用提示

後人類的觀點當中，包含了同一健康的概念。這個概念專門研究人類的健康與動物的健康、生態環境的健康三者之間密不可分的關係。只注重人類的健康並加以研究，已經無法徹底解決地球上發生的問題，就連人類的健康也無法解決。

062

transhumanism（英）

超人類主義

超譯 對身體機能大幅增強的現象抱持肯定立場

尼克・博斯特倫（1973～）

瑞典哲學家。多次在媒體上發表超人類主義的觀點。成立世界超人協會，並擔任會長。著有《超智慧》等書。

○後人類時代的規範

超人類主義是由瑞典哲學家**博斯特倫**（Nick Bostrom）提出的概念。博斯特倫創立了世界超人協會，是「**超人類主義**」理論的指標人物。歸功於科學和醫療的進步，當代人類的身體機能潛藏著能夠大幅增強的潛力。因此這股思潮的出發點，便是主張全體人類都可以毫無例外地共同進化，由此推展論述脈絡。

的確，這世上應該沒有人會批判醫療的進步吧？在現代社會，可以將身體的進化視為醫療進步的延伸。所以我們必須思考，該如何與隨著身體進化而產生的新世界抗衡，像是如何制定這種新世界的規範、如何在新世界生存下去。世界的意義改變，在其中的生存方式當然也需要改變。比方說，如果人人都變得像小鳥一樣能飛上天空，那麼就必須制定在天空飛翔的交通規則。

在這個可稱為**後人類**的新人類出現以前，我們需要確定更基本的規範，也可以說是為了接納新世界而達成的共識。

至於具體規範該如何設立，博斯特倫認為，要實現超人類主義的計畫，必須具備以下三個基本條件。第一個條件是全球安全，具體來說是指至少要避免早就生活在地球上的有智慧生命，亦即避免人類的生存危機。

第二個條件也非常鮮明，就是科學的進步，而且科學與經濟成長必須密切關聯。第三個條件則是廣泛的連結，最重要的是每個人都能夠成為超人，這也是超人類主義的支持者所需要具備的道德基礎。不分國籍、經濟條件，必須讓每個人都有機會成為超人，所以廣泛的連結不可或缺。

哲學的應用提示

日本動畫《攻殼機動隊》在全世界大受歡迎，好萊塢真人版電影也在前幾年上映。火紅的原因可能在於，主角群的身體都已經改造成機械，與現代的超人類主義現狀不謀而合，令讀者觀眾感到十分寫實吧。作品中追尋人類的本質，也能引發大家的共鳴。

063

心靈哲學

philosophy of mind（英）

超譯

思考心靈是什麼的哲學

勒內・笛卡爾（1596～1650）

法國哲學家。認為只有意識是無庸置疑的存在，而留下名言「我思，故我在」。著有《談談方法》、《靈魂的激情》等書。

○人類的心靈是物理存在還是非物理存在？

「**心靈哲學**」一如其名，是考察心靈是什麼的哲學。這是自古希臘時代以來的哲學命題，至少從近代法國哲學家**笛卡爾**提出**身心二元論**（44頁）以後，一直都是主要的論述議題。然而，隨著近年來科學的發展，思想家開始以人工智慧的脈絡來論述科學是否能孕育心靈的問題，心靈哲學得以從全新的觀點成為矚目的焦點。

心靈哲學有兩種代表性思維。一種稱作**二元論**，主張心靈是非物理的存在，認為世界是由非物理的存在和物理存在這兩者所構成。另一種則稱作**物理一元論**，主張世界只由物理存在所構成，這種思想又稱作**物理主義**。因為物理一元論主張包含心靈在內，一切事物都可以用物理學解釋。

二元論的問題在於，這種思維主張認為心靈是非物理的存在，卻又無法解釋心究竟是如何對物理的存在造成影響。如果心靈就像念力一樣隔空對物質產生作用，那又另當別論，更何況這種說法實際上也很難為大眾所接受。

相較之下，一元論將萬物視為物理作用的產物，就不會產生這種疑慮。也就是說，我們稱之為心靈的東西，只不過是大腦而已。這種思想稱作**心腦同一論**。心靈的狀態就是腦的狀態。的確，每個人對色彩和味道的感受不盡相同，換言之即是**感質**（146頁）不同，這證明了腦會因人而異。

況且，二元論也無法解釋我們如何認識別人的心靈。它無法說明如果心靈是非物理的存在，那麼當我們與他人溝通交流時，究竟是如何理解對方。

哲學的應用提示

隨著認知科學的發展，人類的心靈也能漸漸從科學的角度來解釋。因此，過去一直屬於黑盒子範疇的人類心靈，在哲學的世界也蘊釀出從新的觀點研究的潮流。這就是心靈哲學興盛的背景。哲學家和科學家開始共同討論，得以釐清人類的心靈機制。

064

自然主義

naturalism（英）

超譯

由自然主宰人類的立場

保羅．丘奇蘭德（1942～）

美國哲學家。專攻心靈哲學、神經哲學。從取消唯物主義的立場批判民間心理學。著有《物質與意識》、《理性的引擎，靈魂的座位》等書。

○所有物理性事件都是由物理定律決定

「**自然主義**」是採取由自然主宰人類，並由此立場出發思考的思想。在傳統的哲學世界裡，普遍認為人類是憑藉著理性和**自由意志**對抗自然，屬於一種反自然的存在。對於這種觀點，現代哲學的**自然主義**則是提出嚴厲的批判。

自然主義的思想基礎，乃是從強調科學重要性的**物理主義**思想作為核心，也就是主張所有的物理性事件，都只能由先行的事件和物理定律所決定。不僅如此，即便是人類心靈的作用，也能還原成是大腦發泌物質發揮了功能，甚至就連社會倫理等道德行為，也都能夠透過自然淘汰機制的機械性過程加以解釋。

在這些自然主義的思想當中，針對心靈可以物化的程度，又分為激進派與溫和派兩種立場。

前者的主張是以腦科學的發達為背景，包含主張表現心靈狀態的概念等於腦功能指示的**心腦同一論**，以及認為心靈狀態可以置換成腦科學概念、也可以消除的**取消主義**。

美國哲學家**丘奇蘭德**（Paul Churchland），是最早提出取消主義概念的人。他主張現代科學飛躍性的進展，遲早會致使心靈狀態之類的概念瓦解消失。

至於採溫和派立場的自然主義者，則是主張即使心靈相關的事件等同於大腦分泌物質促發的事件，但控制心靈的原理並不因此等同於物理現象。不過這樣的主張又包含兩個類型，一派是認為涉及心靈概念的科學是不可能再拆解、還原至生物層面，又稱為**非還原性唯物主義**；另一派則認為心靈狀態是由其狀態所具備的功能來定義，又稱為**功能主義**（144頁）。

哲學的應用提示

自然主義一詞，應該會讓很多人聯想到自然主義文學、自然主義繪畫吧。但是，上述領域所謂的自然，是指保持現實原貌的意思，不可與哲學的自然主義相提並論。哲學領域的自然主義，又稱作哲學自然主義，是主張站在科學的角度，掌握終歸只是屬於自然一分子的人類。

065

功能主義

functionalism（英）

超譯

心靈能夠依功能來定義的立場

戴維・阿姆斯特朗（1926～2014）

澳洲哲學家。以形上學和心靈哲學領域的研究而聞名。功能主義的提倡者。著有《心物問題》等書。

○人工智慧可能產生意識嗎？

「**功能主義**」是指心靈狀態可依其功能來定義的立場，由澳洲哲學家**阿姆斯特朗**（David Malet Armstrong）率先提出的概念。從二十世紀中葉開始熱議的「**心靈哲學**」（140頁）領域中，衍生出將心靈置於物質世界的論調。其中一種就是「**心腦同一論**」。其主張疼痛這種一般的現象（類別），等同於腦內C纖維受到刺激的一般現象（類別）。

如此一來，疼痛的個別案例（個例），全都等於刺激C纖維的個別案例（個例）。但是這麼說會衍生一個問題。若是將人造的神經纖維植入腦中取代C纖維，當事人可能還是會說「痛」，卻不會對疼痛有任何感覺。反過來說，從腦中只抽取出C纖維並刺激它，也會產生痛覺。

為了解決這個問題，功能主義便因應而生。這個概念認為心靈的狀態只是功能性的狀態，主張疼痛只不過是一種對刺激產生的因果性功能所定義的狀態。

因此所導出的結論是，心靈狀態可以藉由各種類別的物質狀態來實現。剛才提到的人造纖維刺激，也能夠達到疼痛的功能，所以會明顯產生痛覺。反之，對從腦中抽出的C纖維施加刺激，也不會產生疼痛，因為疼痛的功能並沒有實現。

以人類的內臟為例，應該會更容易理解。比方說，人工內臟如果能夠實現活內臟的功能，就等於它們的功能相同。同一功能可以透過各種類別的物理狀態實現，這種現象則稱作**多重實現可能性**。

於是，功能主義對於人工智慧是否會產生意識的論述造成很大的影響。即使是由機械構成的存在，只要功能完善，即有可能孕育出如同人類般的意識。

哲學的應用提示

功能主義之所以成為焦點，終究還是因為人工智慧的問世。人工智慧是否擁有意識，足以大幅左右未來人類社會的狀況。功能主義主張只要功能完善就好，如此清楚明白的論點，在這已被科學滲透的社會擁有很大的說服力。正因如此，哲學才需要認真地對這個理論進行驗證。

066

qualia（英）

感質

超譯

主觀經驗的感覺

戴維・查爾莫斯（1966～）
澳大利亞哲學家。心靈哲學領域的翹楚。著有《意識的心靈》、《意識群象》等書。

湯瑪斯・內格爾（1937～）
美國哲學家。專攻政治哲學、倫理學、心靈哲學、認識論，涉獵廣泛。不只出版專業書籍，也寫過很多一般大眾書籍。著有論文《變成蝙蝠會怎樣？》、《哲學入門九堂課》等書。

○主觀的經驗如何從腦中生成？

「**感質**」是意識裡顯現的感覺性質，也可以用主觀經驗或單純的「感覺」來說明。感質方面談論的問題，涉及意識是否能還原成為物質。比方說我們看見黃色的香蕉，大腦並不會變成黃色；嘗到巧克力的甜味，大腦也不會變甜。

澳大利亞哲學家**查爾莫斯**（David John Chalmers）透過**哲學殭屍**（148頁）的**思想實驗**，主張感質是否能還原成物質的難題無法只靠科學解決。大腦如何生成感質的問題，又稱作「**困難問題**」。與之相對的概念，則是負責腦中資訊處理物理過程的「**簡單問題**」。

美國哲學家**內格爾**（Thomas Nagel）為此設計一道「**變成蝙蝠會怎樣**」的思想實驗，清楚明瞭地揭示感質遇到的問題癥結——人實際上無從得知，和人類同樣屬於哺乳類的蝙蝠究竟如何感知世界。這道思想實驗最終所傳達的結論是，感質終究只是反映了個體主觀的現象而已。

如果我們能夠了解感質的本質為何，或許就能更進一步釐清心靈的活動與運作機制了。從這一點來看，感質可以說是解開心靈之謎的關鍵所在。

如今哲學領域的相關研究當中，最有可能解開謎團的就是**表象主義**。表象，就是透過我們的經驗顯現的事物，要依照表象本身具備的「內在特徵」與表象內容具備的「表象特徵」這些元素分開思考。再次以開頭所舉的黃色香蕉為例，內在特徵是指腦神經細胞認識到黃色香蕉的特徵，表象特徵則是指黃色的感質。表象特徵是一種可以從物質層面切入，說明表象內容的性質，所以這就是為什麼感質本身即具有說明物質的可能性。

哲學的應用提示

感質對於感受到它的人而言，也是一種難以解釋的概念。像是「閃閃發亮」、「歡欣雀躍」之類的感覺，該怎麼說明才能讓人理解呢？就連「辣」這種普遍的味覺也會因人而異。因此，現代的商業領域便開始發起新的行動，即收集大量資料並整理成數據，嘗試訂立出感覺的基準。

067

philosophical zombie（英）

哲學殭屍

超譯

有意識卻沒有主觀經驗的人

戴維・查爾莫斯（1966～）
澳大利亞哲學家。心靈哲學領域的翹楚。著有《意識的心靈》、《意識群象》等書。

○外表是人類、卻是非人類的存在

「**哲學殭屍**」是指擁有意識卻缺乏**感質**（146頁），也就是沒有主觀經驗的人。這是澳大利亞哲學家**查爾莫斯**提出的概念。查爾莫斯透過**心靈哲學**（140頁）領域的一項**思想實驗**來介紹這個概念，以下就來解說箇中思維。

正常來說，如果有意識，就必然伴隨感質，我們人類就是這般的存在。但是，從理論層面而言，可以假定有意識卻沒有感質的存在。這種存在雖然外表看起來是活體，卻彷彿沒有心，就好比恐怖片裡的殭屍或喪屍一樣。

由此衍伸，哲學的世界裡是否可能存在殭屍般的存在，也就是哲學殭屍呢？比方說，水是由氫和氧兩種元素所構成，但是平常我們喝水、用水時，並不會意識到它含有氫。由此可見，水不含有氫也是一種思考的可能性，但這並非事實，所以思考可能性未必就能夠保證事物的可能性。

當然，結論可能會因為今後的感質研究而改變，不過現階段在殭屍的探討方面，思考可能性仍無法保證事物可能性。所以，並不存在哲學殭屍。

這項思想實驗要表達的是，即便是外表和人類一模一樣的存在，也未必就是人類。這一點可以當作認定心靈可還原成物理性質的**物理主義**的批判根據。因此，查爾莫斯主張物理主義根本無法解決「**困難問題**」的意識生成機制。

哲學的應用提示

哲學殭屍的概念，顯然是衍生自人工智慧是否擁有意識的論述脈絡。這個比喻之所以能贏得一定的評價，是因為贊同者都一致認定看似擁有意識的人工智慧，其實只是類似殭屍般的存在。在未來，我們是否能與殭屍共存呢？這個疑問宛如一記警鐘般發人深省。

068

singularity（英）

奇點

超譯

人工智慧達到超越人類能力的階段

雷・庫茲維爾（1948～）

美國的未來學家。本名雷蒙德・庫茲維爾（Raymond Kurzweil）。人工智慧研究的世界權威。著名的發明家。著有《奇點迫近》等書。

莫里・沙納漢

英國人工智慧專家。認知機器人領域的權威，專門研究人工智慧與社會一體化。著有《技術奇點》等書。

○機器人統治人類的時刻遲早到來

「奇點」是指人工智慧達到超越人類能力的階段，一般又翻譯為**科技奇點**。根據美國未來學家**庫茲維爾**（Ray Kurzweil）的解釋，奇點是人類生物的思考與存在，和自己製造出來的技術相融合的臨界點。所以，當世界的進展愈來愈接近奇點時，人類與機械、物理現實與**擴增實境**（AR）之間的區別將會逐漸模糊，甚至徹底消失。

庫茲維爾預測這個現實將會在二〇四五年到來。奇點並不是機器人超越人類這麼簡單的事，而是意味著人類到目前為止生存的世界將會完全改變。人類的定義、世界的規律都會徹底改變。

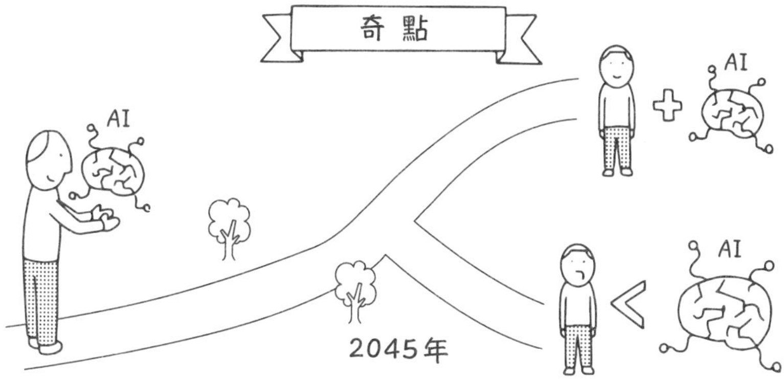

比方說，英國的認知機器人工學專家**沙納漢**（Murray Shanahan）就提醒，雖然人工智慧可以內建人類的思考模式，但未必能擁有和人類一樣的常識。假使人類需要迴紋針，人工智慧可能會一味大量生產迴紋針，直到耗盡地球資源。對它們來說，「一切都是為了人類」的目的絕非默許的前提。不過，它們也很有可能從中發現另一種截然不同的思考模式。如此一來，人工智慧對人類而言將不再是可以預測的智慧生命體。

哲學的應用提示

姑且不論奇點是否會成真，至少我們還是必須尋求因應之道，否則萬一哪一天，機器人突然有了意識、行動開始大幅超越人類，我們就束手無策了。多位法學專家提議訂立「機器人法律」，可以算是其中一個方法。

069

神人

Homo Deus（拉）

超譯

透過科技升級的人類

尤瓦爾・諾瓦・哈拉瑞（1976～）

以色列歷史學家。從歷史學的立場論述人工智慧和數據主義等現代面臨的各種問題。著有《人類大歷史：從野獸到扮演上帝》、《人類大命運：從智人到神人》等書。

○超越智人的存在

「**神人**」是指透過科技升級的人類，為以色列的歷史學家**哈拉瑞**（Yuval Noah Harari）提出的概念。哈拉瑞以《**人類大歷史：從野獸到扮演上帝**》一書轟動全球，預言未來的《**人類大命運：從智人到神人**》又接續出版，讓他被喻為現代預言家。哈拉瑞認為隨著人工智慧、生命工學、奈米科技等新技術的發展，人類的願景是逐漸成為超越智人的神人。

到目前為止，人類為了對付饑荒、瘟疫，以及戰爭，一路艱苦奮戰至今。但是在二十一世紀的今天，這些基本上已經不再是問題。比方說，多虧了科技的進步，生病死亡的人數已經大幅減少了。

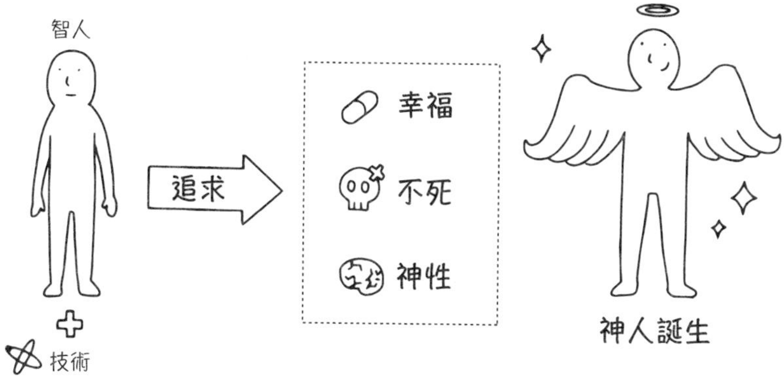

由此看來，人類今後的生存目標，應當是獲得幸福、不死與神性。幸福是利用包含藥物在內等生物化學手段，得到持續的幸福快樂；不死則是意味著壽命的延長；神性則是指隨著人工智慧等科技技術的發展，得以升級成遠遠超過現代人類能力的智性。神人的拉丁原文「Deus」一詞就是指神，但其實同時也有人類臣服於人工智慧判斷的意思。換言之，哈拉瑞認為數據主義無異於一種警告，預言了人類將服從數據而活的未來。

哲學的應用提示

神人這個概念非常具有說服力，因此哈拉瑞才會被視為預言家，著作也成為暢銷書。但是另一方面，應該鮮少人樂見這種由數據主宰的未來吧。諷刺的是，預言神人誕生的書，或許就是一個防止神人出現的契機。

070

框架問題

frame problem（英）

超譯 如何決定事物的關聯性

丹尼爾・丹尼特（1942〜）

美國哲學家。專攻心靈哲學、科學哲學，並著重研究兩者與演化生物學、認知科學的交叉領域。著有《萬種心靈》、《從細菌到巴赫：心智的進化》等書。

○為什麼人工智慧不能從冰箱裡拿出牛奶？

「**框架問題**」是指該如何在一瞬間區別與課題有關的事和無關的事。這是最早使用人工智慧一詞的美國認知科學家**麥卡錫**（John McCarthy）等人提出的概念。我們不論做什麼事，其實都是基於某種程度的前提來思考和行動，而這個前提正是框架。

比方說，只是從冰箱裡拿出牛奶這麼簡單的事，也需要冰箱確實存在、冰箱門確實打開、牛奶是可以手拿的物品，而且沒有人妨礙我們拿出來，以這些狀況為前提。大家可能以為這是理所當然的常識，但是讓人工智慧去冰箱拿牛奶，卻沒有這麼簡單。因為人工智慧不像人類具有常識。

現代的哲學家都是預設這種前提來探討框架問題。美國哲學家**丹尼特**（Daniel Clement Dennett）便曾假設一道題目，來解釋框架問題的困難度。想像派一架機器人執行任務，任務內容是進入洞穴，並取出裝有炸彈的電池。

這時，機器人會設想無數種可能性，所以無法達成這項任務。因為一旦它開始推想哪些事情有發生的可能性，結果就會沒完沒了。但是，即使排除毫無關聯的事項，也依然有無數種可能性，所以它最終仍然無法達成任務。

要在瞬間達成這項任務，必須進入洞穴，取出裝有炸彈的電池，可以的話最好拆除炸彈、只帶走電池。只需要這麼想就夠了。

可惜的是，框架問題依然無解。因為我們無法釐清這個機制，這不止是人工智慧，某種意義來說對人類也是一大課題。注意某件事物的能力，並且著重於可能與之有關的人類情感，也可以作為一種解決的方向。

哲學的應用提示

框架問題的討論是隨著人工智慧的研發而逐漸推展。只要這個問題尚未解決，人工智慧就難以負擔程度比擬人類或更高程度的工作。人工智慧無法考上東京大學，也是因為框架問題窒礙難行。看來，距離能與人類心靈相通、溝通交流的哆拉A夢問世，還久得很。

071

afforndance（英）

支應性

超譯 知覺提供行動所需的資訊

○看一眼就能直覺反映在行動上的機制

「支應性」的原文affordance，是從意為「提供」的afford所創造的新詞彙。這是美國心理學家**吉布森**（James Jerome Gibson）提出的概念。他主張知覺是在一定的環境當中，掌握人可以採取哪些行動的資訊。這個概念與傳統的知覺觀大相逕庭。

根據吉布森的說法，生物是為了適應環境才會產生知覺。這種思想稱作**生態學途徑**。所謂的支應性，可以說是知覺提供行動所需的資訊。

再說得更具體一點，當生物打算做出某些行動時，都傾向於利用周遭物體的性質，像是溺水時會

詹姆斯・吉布森（1904～1979）
美國心理學家。專攻知覺研究。提出支應性的概念，開拓了生態心理學的領域。著有《視覺世界的知覺》、《視知覺生態論》等書。

想抓住什麼、在黑暗中會想用手觸摸確認物體，從這些物體性質來獲得資訊。

這些物體給予的性質就是支應性。吉布森將尋求支應性的行為稱作**知覺系統**。所以，只要仔細觀察知覺系統的動向，就能了解物體潛在的多種支應性。知覺也能透過這種方式持續接觸世界。

其實，我們的日常生活中即融入了大量的支應性。

好比說有一扇門，我們一看見它的外形就能判斷應該向前推還是向外拉，這就是支應性。

一扇門如果十分平坦、沒有裝設可握的把手，那就只能向前推；相反地，如果門面設有凸起可握持的構造，我們就會不假思索向外拉。或者換個例子，一把搖控器上如果只有開關鍵顯得特別大，我們也會率先按下這個按鈕。

我們會像這樣，一有知覺就知道該採取什麼行動，或是不假思索地採取某種行動，這些都是支應性的功能。

哲學的應用提示

支應性活用在許多商品設計上，因為在人類使用的所有物品中融入支應性的概念，會比較有益。例如將網站上的超連結標示為醒目的藍色，也是一種支應性的運用。隨著技術的進步，產品愈是複雜，就愈講求支應性的活用。

072

médiologie（法）mediology（英）

媒介學

超譯 思考技術對文化的影響的學問

雷吉斯・德布雷（1940～）
法國哲學家、作家。媒介學的提倡者。因參加切・格拉瓦（Che Guevara）的游擊抗爭而聞名。著有《媒介學宣言》、《革命中的革命》等書

貝爾納・斯蒂格勒（1952～）
法國哲學家。龐畢度中心藝術總監。受到德希達的強烈影響，研究哲學與技術的關係。著有《技術與時間》、《付諸行動》等書。

○文化是透過媒介學的轉向而傳輸

「**媒介學**」是一門考察技術如何透過傳輸行為影響文化的學問。這是在法國思想家**德布雷**（Régis Debray）的影響下，自一九九〇年代以後廣傳的新興思潮。這門學問對於傳統的溝通方式，著重於**傳輸**（transmission）的構想，探討它究竟如何造就出文化；也就是思考技術革新如何改變人類的傳輸行為，而傳輸又是如何改變文化。

因此，德布雷按照時代整理了技術與文化的關係。首先是在部落社會的時代，人類形成可稱之為**記憶圈**的世界；接著大帝國時代到來，形成了**話語圈**；之後進入近代，形成**文字圈**；如今**後現代**（100

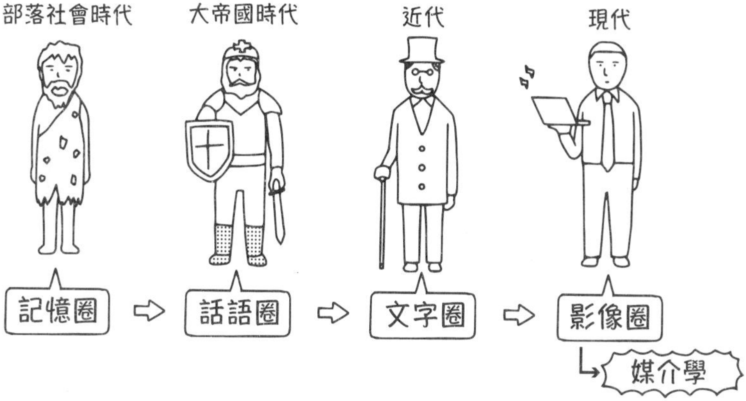

頁）則是形成了**影像圈**。

這些時代的社會都有各自的特色。例如在話語圈裡教會和信仰的力量最大，文字圈裡知識分子和法律的力量最大，影像圈則是媒體和輿論。媒體坐擁勢力的時代所衍生的思想就是媒介學。

德布雷認為，媒體的本質就在於制度和技術的連結。

探討文化的傳輸作用與技術的關聯，這股思潮就稱作**媒介學的轉向**，由法國思想家**斯蒂格勒**（Bernard Stiegler）發展而成。斯蒂格勒認為技術會使人類文化產生橫向的連結。

哲學的應用提示

德布雷這個人有一個很大的魅力，就是他同時也是社會運動人士。他與古巴前總書記卡斯楚私交甚篤，還曾在玻利維亞參加過知名革命領袖切・格拉瓦的抗爭行動。呈現歷史變化的媒介學，從某種意義來說或許也是一種革命的思想。

073

大規模監視社會

full-surveillance society（英）

超譯

沒有個人隱私的社會

布魯斯・施奈爾（1963～）

美國密碼學・資訊安全專家。創辦了網路資訊安全公司，並擔任技術長（CTO）。著有《隱形帝國：誰控制大數據，誰就控制你的世界》等書。

齊格蒙・鮑曼（1925～2017）

波蘭社會學家。主要任教於英國的大學。以後現代社會的分析理論聞名。著有《立法者與詮釋者》、《液態現代性》等書

○保障安全的資訊安全系統卻造成不安全

「**大規模監視社會**」是指隨著科技的進步、形成完全失去個人隱私的社會。它的前提是堪稱近代以後的監視範本——圓形監獄型的監視社會。二十世紀的法國哲學家**傅柯**用**圓形監獄**（106頁）的架構，揭露近代社會濫用權力的監視行為。

監獄的設計是從中央的監視塔，監視周圍配置成圓環狀的囚室，特徵是具有不對稱性。雖然從監視塔可以看見囚室，囚室卻看不見監視塔，所以囚犯們便處在無時無刻遭到窺視的焦慮之中，過著嚴格遵守紀律的生活。傅柯認為這種圓形監獄式的監視架構，已經遍及國家、學校、工廠等近代社會的

各個角落。

不僅如此，現代社會更因為科技大幅進展，得以孕育新型態的監視社會。密碼學學者、電腦資訊安全權威**施奈爾**（Bruce Schneier）在其著作《**隱形帝國**》，就揭露政府和企業大規模監視的實際情況。我們每次使用電腦時，都會將資訊提供給政府和企業，而且往往是在無意之間洩漏這些訊息。

波蘭社會學家**鮑曼**（Zygmunt Bauman），則是論述這種大規模監視社會所蘊釀出的「不安」的本質。追根究柢，我們本來是為了保障每一位國民的安全，才會自願強化社會監視體系，可是卻反而使自己產生強烈的不安感受，擔憂自己無時無刻不暴露在風險之中。鮑曼將這種矛盾狀態戲稱為「**安全成癮**」，意思是我們過度追求安全性，卻沒發現自己為此付出了失去自由的代價。

為了對抗這種大規模監視社會，必須積極避免資訊外洩。施奈爾也提出了幾種保衛自己不受監控的具體方法，像是不使用信用卡、資料加密等等。

哲學的應用提示

大規模監視社會早已到來。我們身邊充斥著監視器和行車紀錄器，網路上的資訊交流也總是處於暴露的狀態。即使如此，人類依舊貪圖方便而持續提供自己的資料數據。大規模監視社會或許就是我們自己一手造成。

074

filter bubble（英）

網路濾罩

超譯

身邊只充斥著自己偏愛的資訊的狀況

伊萊・帕里瑟（1980～）

美國政治運動人士。美國最大的左派政治團體之一「MoveOn.org」的理事長。全球公民社會「Avaaz.org」的創辦人之一。著有《搜尋引擎沒告訴你的事》等書。

○網路濾罩剝奪資訊和意外發現

「**網路濾罩**」是指網路用得愈多，網站愈容易掌握使用者的資訊，進而顯示該使用者可能需要的資訊。

《搜尋引擎沒告訴你的事》一書的作者**帕里瑟**（Eli Pariser）認為，網路設有過濾器，會觀察使用者偏好的資訊，並藉此推測、篩選資訊。

比方說，我們只搜尋過一次的商品後來出現在網站廣告上，這種機制還算是很好理解；但如果搜尋到的資訊是早已經過歷史紀錄過濾的資訊，恐怕就無法察覺了吧。使用相同的搜尋引擎、搜尋同一個詞彙，自己得出的搜尋結果其實並不會和別人一樣。

帕里瑟認為搜尋引擎造就出這樣的局面，會衍生出①孤立每一個個體、②當事人看不見網路濾罩，以及③我們並非自願處於特定網路濾罩這三個不可輕忽的問題。

為了解決這些問題，帕里瑟分別提出了個人、企業、政府各自能夠因應的辦法。比方說，個人可以自行察覺並改變行動模式，企業應該將過濾系統設置成一般人可見的狀態，政府則是要負責監督企業無法自主達成的部分。

網路濾罩最大的問題，就是大企業或一部分人可以營造出操控個人的狀況。因為這樣會在無形中削弱個人的自由創意。

帕里瑟偏好使用**意外發現**（serendipity）這個詞，網路的強大力量，都要歸功於這種出於偶然的意外發現，但是網路濾罩卻會剝奪這種樂趣。為了解決這一點，前面帕里瑟提出的每一項應對方法都有其必要。

哲學的應用提示

網路濾罩會在不知不覺中發生。每當我們使用谷歌搜尋或亞馬遜電商購物時，我們得到的資訊會愈來愈符合自己的喜好。這分舒適會使網路濾罩愈來愈厚。如果要擺脫這種憂慮，除非在生活中利用網路以外的管道來取得資訊，否則別無他法。

075

加速主義

accelerationism（英）

超譯

貫徹資本主義來克服問題的思考方法

尼克·斯尼瑟克（1982～）

加拿大哲學家。專攻左派政治理論。與亞歷克斯·威廉士（Alex Williams）在二〇一三年於網路上發表《加速主義宣言》而聞名。

尼克·蘭德（1962～）

英國哲學家。有加速主義之父的稱號。近年成為反對平等主義的新反動主義運動的理論支柱。

○用資本主義打破資本主義的僵局

「**加速主義**」是運用科技加快資本主義的過程、呼籲突破資本主義的立場。這個思想在近十年來快速崛起，發生的背景在於對傳統資本主義的批判窒礙難行。

義大利政治學家**奈格里**提出的**帝國**概念中，名為**諸眾**（108頁）的共產主義會與帝國抗衡，而對傳統資本主義的批判主流就是這種局勢的全球化版本。但是，這種局勢卻因為無法阻止資本主義擴張而產生了反動。

這股反動就是看似違背目標的「資本主義加速」。不過，加速主義也以對資本主義的態度為核心，分成「左派」和「右派」的立場，分別稱作「**左派加速主義**」和「**右派加速主義**」。

美國思想家**斯尼瑟克**（Nick Srnicek）等人，就是左派加速主義的代表理論家，他們同時也主張拆解親近傳統左派立場的資本主義。

左派加速主義者批判傳統左派所採取的「民間政治學」策略，這個策略是訴諸民眾示威和手持標語的作法。不僅如此，他們也力圖復興**左翼的理性主義**，積極建構未來，像是利用人工智慧等科學技術來削減勞動時間。

相較之下，右派加速主義的代表、英國哲學家**蘭德**（Nick Land），則是主張要發掘資本主義過程內在產生的能量，也就是主張解決問題的線索藏在資本主義的過程裡。

儘管如此，加速主義畢竟是現在進行式的新興思想、站在重視過程加速的立場，所以仍可能衍生出超越左派和右派的第三種立場，或是其中一個立場分裂形成新的立場。

哲學的應用提示

加速主義對現在全球的經濟和政治帶來各式各樣的影響。在共產主義的計畫幾乎停擺的現在，中國將經濟勢力拓展至全球、促進加速主義的發展。左派理論家斯尼瑟克提倡的單純勞動「全自動化」，也是起源於加速主義的思想。

076

異種女性主義

xenofeminism（英）

超譯

鼓吹以科技解放社會性別的立場

海倫・海斯特

英國女性主義思想家。在西倫敦大學教授媒體傳播。異種女性主義理論團體拉伯利亞・庫波尼克斯的成員。著有《異種女性主義》、《超越露骨》等書。

○藉加速主義解放LGBT

「**異種女性主義**」是由一個名為**拉伯利亞・庫波尼克斯**（Laboria Cuboniks）的理論家團體提出的概念。他們採取透過科技解放社會性別的立場，並且策略性地運用現有的科學技術，嘗試重新建構世界的秩序與體制。

他們打著**女性主義**的名號，以解放社會性別為宗旨，同時也涵蓋人種問題、身心障礙者問題、政治、經濟，提出跨領域的思想。拉伯利亞・庫波尼克斯的成員之一**海斯特**（Helen Hester）在其著作**《異種女性主義》**當中，更特別以技術性的唯物主義、反自然主義、廢除社會性別為思想軸心。技術原本就具有異化人類的危險，所以過度追求技術進步，無助於解放人類。但是，海斯特卻認為只要活用現有的醫療技術等科技，藉由改變利用的目的，就可能達到新的解放。海斯特舉了一個例子，像是原本用於控制月經的幫浦裝置Del-Em，其實也可以用於非自願性懷孕的墮胎。

這種試圖以正面運用科技的方式，克服女性與少數性別族群困境的想法，可以說是親和的**加速主義**（164頁）。特別是異種女性主義其實帶有排斥共產主義、反政府運動等舊左派政治的傾向，這點也受到**左派加速主義**很大的影響。

然而，這個部分實際上也隱藏著女性主義的弱點。因為排斥傳統左派政治的態度，終究只會令異種女性主義成為排外的思想。

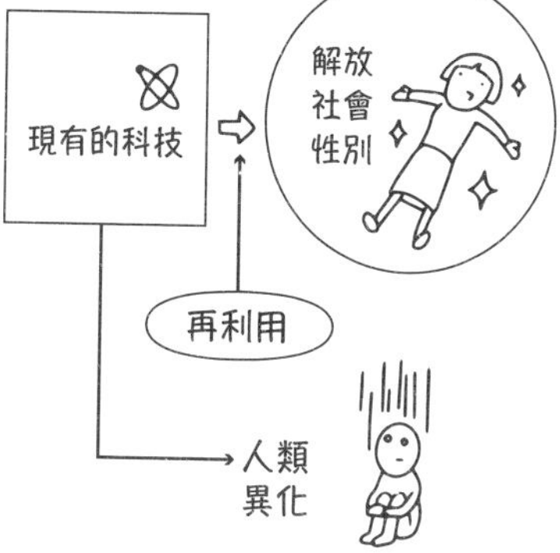

哲學的應用提示

促使異種女性主義的議論盛行的源頭，基本上可以說是網際網路。實際上，異種女性主義的思想就是由拉伯利亞・庫波尼克斯這個團體在網路上介紹、談論，並且也希望從包括網路在內的科技中找出解決之道。

077

反出生主義

anti-natalism（英）

超譯

主張人類不出生會更好的立場

阿圖爾・叔本華（1788～1860）

德國哲學家。提出意志比知性更重要。著有《意志和表象的世界》、《論視覺和顏色》等書。

大衛・貝納塔爾（1966～）

南非哲學家。反出生主義理論家。著有《還不如不來：出世的禍害》等書。

○人類的存在就是禍害？

「**反出生主義**」是主張人類不出生會更好的立場。任何人都可能產生這種想法，如今也有多位思想家不斷提出類似的論點。最知名的是近代德國哲學家**叔本華**（Arthur Schopenhauer）的**悲觀主義**。他認為求生的意志會帶來苦惱，主張若要脫離這種苦難，就只能否定求生的意志。

相較之下，現代思想的反出生主義，則是由南非哲學家**貝納塔爾**（David Benatar）在其代表著作《還不如不來：出世的禍害》當中推廣的概念。貝納塔爾基於道德上的義務，試圖為反出生主義奠定思想基礎。

貝納塔爾在書中提出「快樂與痛苦的不對稱性」，論述既然人一生下來就必須經歷種種痛苦磨難，那麼人類不出世反而更好。從原理上確實可以這樣說。

不僅如此，貝納塔爾看過實際的調查數據以後，更論證這個結論有多大的正確性。他引用了數字作為證據，例如每天大約有兩萬人餓死、每年有三百五十萬人死於意外事故、二〇〇〇年有八十一萬五千人自殺。

正因如此，貝塔納爾主張我們基於道德上的義務，應該做好避孕措施和允許人工流產，甚至必須階段性地消滅人類。或許有人覺得這種思想未免也太極端、太恐怖，但是這裡要注意一點，貝塔納爾並沒有主張消滅現在存活的人類。

由於這種思想具有一定的說服力，英國還據此成立了新政黨「反出生主義黨」。反出生主義是以人類生來即背負著必然的死亡命運、全體人類普遍共有的苦惱作為基礎，因此可以預見這種思想今後將廣傳至全世界。

哲學的應用提示

曾經有一則印度男子控告父母生下自己的新聞，一時蔚為話題，這就是反出生主義的典型。因為在這充滿苦難的世界，生孩子這件事具有道德倫理上的問題。這種思想流傳的背景，終究還是要歸咎於折磨青年的社會問題。先解決這些社會問題，反而才是當務之急。

078

art power（英）

藝術力

超譯

無限的批判力

波里斯・葛羅伊斯（1947～）

前東德出身的美術評論家、媒體理論家、哲學家。

著有《藝術力》、《史達林主義的整體藝術》等書。

○藝術比媒體、比政治更強大

「**藝術力**」是指藝術所具有的無限批判力，為德國哲學家**葛羅伊斯**（Boris Groys）提出的概念。葛羅伊斯論述了藝術擁有的力量與**公共性**的關係。根據他的說法，藝術力是一種批判性的力量，相較於政治有限的力量，藝術的力量則是無限。

換言之，屬於力量典型的政治力，其實是有限的；乍看之下軟弱無力的藝術力，卻是無限的。而無限的藝術力，就是批判的力量。的確，政治再怎麼誇耀力量，自然還是有其極限。

無論是多麼殘虐的暴君，也無法成功征服世界、永遠行使權力。但批判暴君的藝術力量卻能無限延伸，並且可以造成永久性的影響。例如畫家畢卡索批判納粹暴行的巨作《格爾尼卡》（*Guernica*），直到二十一世紀的今天依舊震憾人心，這就是最好的佐證。

葛羅伊斯更進一步將批判政治的藝術力，與媒體的力量兩相比較。比方說，雖然媒體也會試圖批評政治，但結論往往都會變成肯定現狀。這是因為，媒體對於當下發生的時事，只能看見表象而已。倘若媒體只能掌握當下，在眼前的危機來臨之際，有時難免會為了避免危機而贊成發起戰爭。

相對地，藝術可以比較我們自身生存的時代與歷史背景，再做出評價。也就是比較現在和過去，便能在歷史的長河之中冷靜評論現在所發生的事。好比大家看到《格爾尼卡》這幅畫，就能察覺現代戰爭的過錯，這一點也證明了藝術力沒有界限。

哲學的應用提示

藝術力的典型例子，包含了深入探討暴力、性別歧視、移民等社會問題的藝術型態「社會參與藝術」（Socially Engaged Art，簡稱SEA）。它最早可追溯至美國青年發起的的反體制運動，後來這股潮流擴散到藝術領域。日本也因為東日本大地震，而開始逐漸推廣社會參與藝術。

079

人類學知識的本體論轉向

ontological turn in anthropology（英）

超譯

人類學從認識到存在的思想出發點大幅轉變

韋偉若斯・德・卡斯楚（1951～）
巴西人類學家。專攻巴西人類學與美洲民俗學。著有《原住民的善變靈魂》、《食人族的形上學》等書。

○人、物、自然，有多少存在就有多少現實

「**人類學知識的本體論轉向**」起源於二〇〇〇年以後，是指人類學領域的理論、方法論的大幅轉變。特別是在**本體論**方面，這項轉變與哲學主題之一的本體論有關，所以也與哲學關係匪淺。

傳統的人類學，一向是從人類如何認識世界的**認識論**觀點來分析問題，這時都是以「自然」和「文化」這種近代特有的**二分法**為前提。對此，巴西人類學家**韋偉若斯・德・卡斯楚**（Eduardo Viveiros de Castro）等人，才會從對調查主體而言的認識，轉向對調查對象而言的本體論，也就是假定世界裡存在什麼。

如果，人類對自然僅僅只是抱有各種不同的觀點，那麼人類學發掘出的結果，最終只會矮化成事物的觀點而已。本體論轉向的目的，就是要克服這個問題。本體論轉向的發展背景，正是為了因應**人類世**（112頁）這場全球性的環境危機，並且在人類學的領域裡，追求可探討人與人以外的存在關聯性的新觀點。

因此，韋偉若斯・德・卡斯楚便提出**觀點主義**的思想。所有**主體**（18頁）並非在各自的立場看見同樣的現實，而是看見的現實、存在本身的數量，取決於觀看的主體有多少。

卡斯楚還認為，人類學家與作為研究對象的人們，兩者之間的觀點差異，也必須從本體論的角度重新分析。換言之，人類學家與研究對象看似闡述同一件事物，但實際上卻是談論截然不同的事物。這種現象就稱作「**誤解**」，也稱為「**多義性**」。

這麼說來，人類學家似乎連比較自己具備的文化與研究對象的文化都做不到。但事實並非如此，這種情況反而有助於發掘出同一言語所隱藏的差異。

哲學的應用提示

韋偉若斯・德・卡斯楚的主要著作是《食人族的形上學》。亞馬遜叢林的食人族，就是觀點主義的典型。因為他們透過吃人肉，將身為敵人的外來者的觀點攝入體內，如此便可能將自己也視為敵人。當我們需要保持多元化觀點時，這種想法值得參考。

080

宇宙倫理

space ethics（英）

超譯

思考宇宙和人類關聯的倫理

大衛・李文斯頓

美國商業顧問。提倡宇宙倫理，廣播節目The Space Show主持人。

○思考宇宙空間的所有權問題、宇宙殖民問題

「宇宙倫理」是從倫理層面出發，考察宇宙和人類的關聯中所衍生出的各種問題。宇宙倫理屬於應用倫理學的一種，從二〇一〇年代以後迅速成為廣受矚目的學問，這也是基於當時太空探索快速發展的背景之故。

像是在月球軌道上建設太空站、載人月球任務、深度太空探測等等，除此之外，討論太空安全的保障，也可以提升人們對宇宙的關心。不僅如此，宇宙新創產業的快速進展，也引發全球熱議，使得宇宙倫理的必要性愈來愈高。太空探索也早已衍生出處理太空垃圾的相關責任歸屬、宇宙空間的軍事

利用議題、所有權和宇宙殖民問題，以及太空產業的企業責任問題。

由於發展太空產業的能力，僅限於一小部分的國家和大企業，產業利益分配不均的問題今後想必會愈來愈嚴重。太空條約的宗旨畢竟是保障全人類的共同利益，因此必須儘快尋求倫理上的解決之道。

關於這一點，美國的商業顧問**李文斯頓**（David Livingston）從很久以前就提出具體的宇宙倫理規範。他認為太空產業需要訂立倫理規範，講求誠實與公正，同時也強調要考慮到未來世代的福祉。而他更引人矚目的論點，就是宇宙倫理也有益於地球。畢竟太空探索本質上仍是為了居住在地球上的人類。由此可見，宇宙倫理的另一個目的，其實是再次認知地球的不可替代性，提供大家一個重新思考**環境倫理學**的契機。

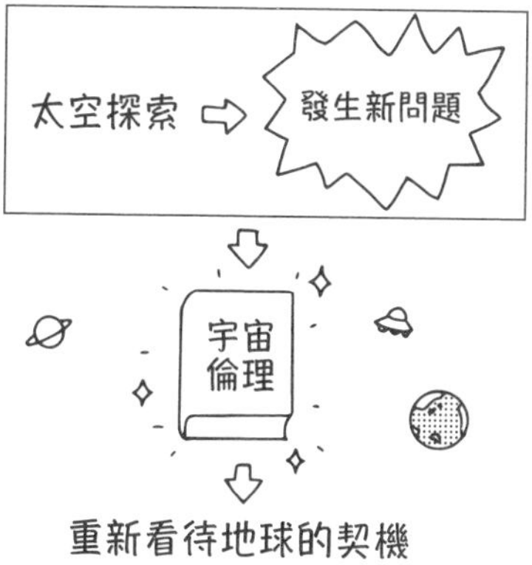

哲學的應用提示

太空產業的發展堪稱日新月異，具體來說，其應用範疇包含了通訊衛星、遙測等利用衛星傳送資訊的產業，以及發射太空梭的航太產業。奇妙的是，當中還包括諸如提供太空葬的新創企業。如此浩瀚無垠的宇宙空間，儼然打開無限多種的。

煩惱諮詢

過去在日本，普遍是將哲學視為「不實用」的知識和學問的代名詞，一直到後來以自我啟發類書籍的面貌問世，哲學才開創出一番新氣象。大約從2010年開始，哲學話語得以廣泛應用在人生煩惱當中，由哲學家進行煩惱諮詢的對話體裁書籍開始上市。

例如簡單明瞭地介紹尼采學說的書籍《超譯尼采》，不僅成為榜上暢銷書，就連敝人的拙作《哲學的教室：改變人生的14堂課》（台灣東販）也是在這段時期再版。如今回想起來，或許正是經歷「失落的二十年」的時代停滯，人們最終懂得向哲學求助才會得到的結果吧。

失去學習模範和目標的日本，不論是社會還是個人，大家都想要靠自己絞盡腦汁打破僵局。每一個人都很清楚，沒有人能給自己答案，最終只能靠自己思考解決。

哲學正好就是憑藉一己之力思考的學問，自然能夠滿足大家的需求。當然，即便是自己獨立思考，也不可能從零開始，終究還是需要參考歷史上眾多哲學家的話語。

哲學風潮就這麼揭幕至今，這波潮流亦逐漸擴大，後來連電視台也開始製作每週固定播放的哲學節目。有電視台製作節目，就證明了觀眾有收看的需求。於是從2018年起，NHK教育台節目「世界の哲学者に人生相談」開播，我也在這個節目中擔任解說員。也許可以說原是學術象牙塔的哲學，終於成功大眾化的瞬間吧。

PART 4

認知人性的20個工具

ENCYCLOPEDIA OF PHILOSOPHY TERMS

組織與人際關係

對話法

dialektike（希）dialectic（英）

超譯

透過發問逼近本質的方法

蘇格拉底（約前469～前399）
古希臘哲學家。有哲學之父之稱。以無知的智慧為根基，實踐了對話法。本人沒有著作，但其思想透過弟子柏拉圖、色諾芬、亞里斯多德等人的著作廣為人知。

○開放的對話可以導向真理

「**對話法**」是**蘇格拉底**發明的哲學方法論，又稱作**產婆術**。蘇格拉底認為在路邊尋找青年發問，透過反覆問答的方式，可以更接近本質。

重點在於，蘇格拉底並不會馬上公布答案，而是讓對方自行思考。如果直接公布答案，對方根本就不會深入思考。所以，蘇格拉底的問答法，是幫助對方自行催生出答案，由此被比喻為助產，因此才稱作產婆術。

具體來說，問答法是依循以下的順序展開。首先假設對方回答了P，蘇格拉底就會以推翻P

為前提而提出Q，試圖博得對方的認同。如此一來，對方只能認同Q，結果便會是承認P有誤。當對話以這樣的模式重複下去，對方就能自行得到真理。

不過，蘇格拉底也是在對話的過程中提出自己的見解，同時思考隨著對話而衍生的新問題，並不是一味強迫對方接受自己的意見，因此可以持續推展出無限開放的對話。蘇格拉底之所以不停重複發問，是為了接近真理。他對於自己死亡的意義，也是透過對話法來釐清。

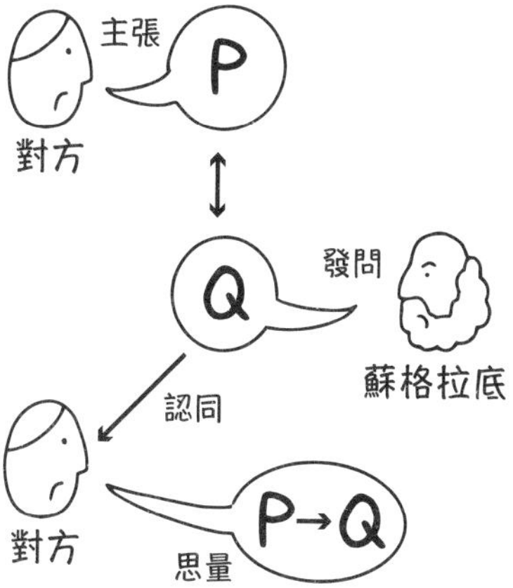

蘇格拉底入獄時，友人克力同勸他逃獄，但蘇格拉底卻透過對話法與克力同一起思量逃避死刑的正當性。

結果，兩人都一致同意，重要的不在於單純活著，而是活出善。因此結論是，在這種狀況下接受死亡，就是善生。

哲學的應用提示

對話法可以充分應用於商務場合。比方說開會討論時，不分青紅皂白地反駁對方，對方只會提高防備。沒有人可以輕易改變自己的思想，因此最好還是利用對話法，讓人接受不證自明的道理，進而同意並改變想法。使對方主動心服口服，比說服他更有效。

ethos（希）Ethos（德）

品格

超譯

習慣培養而成的精神

亞里斯多德（前384～前322）
古希臘哲學家。有「萬學之祖」之稱。注重群體倫理。其思想有別於老師柏拉圖，偏重現實主義。著有《政治學》、《尼各馬可倫理學》等書。

馬克斯．韋伯（1864～1920）
德國社會學家。在社會學的黎明時期奠定了各種方法論，著有《新教倫理與資本主義精神》等書，以及演講稿《以學術為志業》。

○經年累月逐漸形成的習慣與人品

「品格」的希臘語原本是習俗、習慣的意思。習俗和習慣，是我們在自己所屬的社會中培養而成的作風。

古希臘哲學家**亞里斯多德**說，人類的**德性**分成透過智性培養，以及透過習慣培養這兩種。智性培養的德性，可以藉由學習來鍛鍊；但習慣培養的德性卻無法，因為它是在日常生活中透過實踐、自然磨鍊而成。

生活中培養出來的規範就是「倫理」，因此源自於品格（Ethos）一詞的ethica才會譯成倫理。

與品格互為對照的概念為**情感**（Pathos），情感是一時的衝動，可以算是品格的反義詞。換言之，情感基本上是人類需要克服、自我節制的對象。

這一點從pathos的詞源是帶有「蒙蔽」這種負面含義的pathein即可見得。因為蒙蔽是指置身於某種自己並不期望的狀態。情感正是我們並不希望、卻又不由自主受到某種心情掌控的狀態。當然，情感也可能成為推進事物的原動力。

不過，德國社會學家**韋伯**（Maximilian Karl Emil Weber）延續亞里斯多德的說法，為品格賦予新的詮釋。韋伯分析西方社會資本主義形成後，**新教**的倫理觀所扮演的重要角色。由於資本主義興起，人們得以累積自己的財富，而新教的禁欲教義即可發揮節制的作用。因此韋伯將新教的這種規範稱作品格。

無論是哪一種解釋，品格都是在某個社會中不斷重複的習慣培養而成的一種精神。

哲學的應用提示

品格是由每一個群體培養而成。從這層意義來說，每個企業都有自己的品格，所謂的企業文化即是如此；從社會層面來看，品格也可以稱為風俗。或許，日本社會也能找出一套品格，例如款待賓客的文化，應該就稱得上是日本社會的品格吧。

083

philia（英）

愛

超譯

友愛

亞里斯多德（前384～前322）

古希臘哲學家。有「萬學之祖」之稱。注重群體倫理。其思想有別於老師柏拉圖，偏重現實主義。著有《政治學》、《尼各馬可倫理學》等書。

○設身處地為他人著想

「**愛**」（Philia）是**友愛**的意思。古希臘哲學家**亞里斯多德**十分重視**城邦**（Polis），因為當時的人們就是在這個名為城邦的群體中互相扶持生活。這種互助合作的倫理就是愛。

換言之，愛是同胞之愛、夥伴之愛，也可以說是友情，是設身處地為他人著想。為他人著想這一點，也算是一種愛。

比方說做某件事時，如果自己會覺得很痛苦，那麼別人應該也會很痛苦。這就是設身處地為他人著想。愛必須做到不計較得失、為對方著想。

不過，人類總是不由自主地以己身利益為優先，忍不住會計較得失。畢竟人類是意志薄弱的生物，亞里斯多德也對此談論過**意志軟弱**（Akrasia）的問題。即使我們都明白怎麼做才是善，卻始終很難付諸行動。很多人口口聲聲說深愛夥伴，但終究只是基於自己的利益才與對方交往。

關於這一點，亞里斯多德進一步將愛分成「**有用的愛**」、「**快樂的愛**」、「**善良的愛**」並加以分析。有用的愛是指因為對方有用處才與之交往，就好比「樂多賢友，益矣」。快樂的愛也類似前者，是指與對方交往能使心靈舒坦，所以感受到愛。因此，這些愛具備的都不是愛原本的性質；是一旦對方不再有用、再也不能從他身上得到快樂，就會輕易輕易消失的愛。

相較之下，善良的愛是指為對方期許善良願望的對人之愛。這種愛是無條件的善，只要自己善良，它就會持續到永遠。若想博得他人的信賴，需要的正是這種愛。

哲學的應用提示

愛原本是作為群體中的一種倫理而受到提倡，所以也可以算是群體中人際關係的基本。換言之，大家在同一個地方做事，總是會有互相幫助的可能性。有句客套話「彼此彼此」，就類似這種概念。

084

關係

betweenness（英）

超譯

在對人關聯中的個人

和辻哲郎（1889～1960）

日本哲學家、倫理學家。運用關係的概念奠定了自成一派的倫理學。從風土的觀點論述文化的風土論也十分有名。著有《倫理學》、《風土》等書。

○日本倫理學的中心是什麼？

「**關係**」（日文為「間柄」）是指在人際關聯中認識到的個人。這是日本哲學家**和辻哲郎**提出的概念。和辻樹立**和辻倫理學**的新學問，有日本倫理學之父的稱號。根據他的說法，倫理絕非個人的意識。儘管有人認為，這種想法是一種基於近代個人主義人類觀的謬論。

然而事實並非如此，倫理只是一種秩序的確立和方向的引導，其目的是促使人類的共同存在得以成立。倫理的「倫」字，意指人類存在的「規律」，也就是秩序的意思；「理」字則意謂「道理」，也就是隱含有方向的意涵。

和辻提出上述的解釋，融入關係的概念並且置於倫理的中心。所謂的關係，既是個人，也是社會；更具體地說，關係是在社會當中所認識到的個人。

和辻認為這是一種雙重關係，因為有各個獨立的人類，關係才能成立；又因為有關係，各個人類才能成立。事實上，人都是活在與他人的關係之中，所以和辻才會專注於研究關係。

實際上，日本人相當重視與別人互助合作。這是因為關係先於個人，所以才認為互助合作是理所當然的事。

不過，我們並不是隨隨便便與任何人都能互助，這之間終究還是需要信賴。基本上是身為同一群體中的夥伴、能夠互相信賴，才會互助合作。

和辻接著又提出時間的概念，作為這分信賴的根據。因為有過去的信賴，未來才能夠繼續信賴。所以，為了得到他人的信賴，需要有實際的成果佐證。那就是在群體中，耗費長久的歲月與他人經歷共同的體驗，難得孕育而成的結果。

哲學的應用提示

日本企業無論如何都會受到日本的文化影響，因此和辻提出的關係概念，說是倫理的基礎也不為過。實際上，企業大多最重視人際關係，採取組織比個人更重要的立場。姑且先不論這種立場的好壞，至少這一點的確與歐美的企業作風大相逕庭。

085

溝通行動

kommunikativen Handelns（德）
communicative action（英）

超譯

理想的開放式對話行為

尤爾根・哈伯瑪斯（1929～）
德國哲學家。強調論評的重要性，奠定現代公共哲學的基礎。著有《溝通行動理論》、《公共領域的結構轉型》等書。

○工具理性與溝通理性

「**溝通行動**」是指理想的開放式對話行為，這是德國哲學家**哈伯瑪斯**提出的概念。哈伯瑪斯批判近代以前的理性論述，提出新的理性觀念。

根據他的說法，重要的不是運用理性說服對方，而是始終以開放的態度傾聽對方的說詞，共同建立起某種觀點。

試圖說服對方的理性，只是將人視為達成目標的手段，是一種**工具理性**。對此，哈伯瑪斯將尊重對方、目標為達成共識的理性稱作**溝通理性**，以示區別。

話說回來，我們在討論時，如果不尊重對方的立場，溝通便無法成立。基於溝通理性的對話，不同於為了達到目的而不惜利用命令或欺瞞、憑藉暴力影響對方決策的戰略性行為，始終都是為了讓對方心服口服、取得認同的行為。

因此，哈伯瑪斯主張溝通行為有三項原則。它們分別是①參加者都用同一種自然語言交談；②參加者敘述、支持的論調，必須符合他相信為真的事實；③所有參與的當事人都站在對等的立場。

哈伯瑪斯的溝通行動特徵，在於渴望互相理解的市民處於對等的立場討論議題，並掌握到在這段過程中，使自己的判斷和見解逐漸改變的關鍵。換句話說，討論具有改變彼此想法的可能性，這一點才是對話的意義所在。

哈伯瑪斯提出的討論方法，稱作**審議**（192頁），而且他還鼓吹奠定以審議為基礎的「**審議式民主**」制度。這是哈伯瑪斯自身與多位思想家長年爭論、實踐的結果。在這個派系價值觀對立的時代，更需要這種追求共識的民主思想。

哲學的應用提示

溝通行動原是指一種為了疏通思想的行事態度，但是手機簡訊和社群網站這些溝通工具，只能提供沒有表情和語氣的資訊，通常很難達到開放式的思想疏通。因此，依情況分別運用簡訊、社群網站、電話、面談等不同的管道，或許可以算是現代特有的溝通行動。

086

Sprachspiel（德）language-game（英）

語言遊戲

超譯

解讀前後脈絡的會話

路德維希・維根斯坦（1889～1951）

奧地利出身的哲學家。提出「語言遊戲」的概念，對語言哲學的發展貢獻良多。著有《邏輯哲學論》、《哲學研究》等書。

○言語的意義取決於脈絡

「**語言遊戲**」是指言語的意義取決於前後脈絡的思考方式，為奧地利出身的哲學家**維根斯坦**提出的概念。維根斯坦的思想分為前期和後期，前期的主張是只要分析言語的意義，就能了解其本質。後來他暫時遠離了哲學，卻反而察覺言語的意義正是取決於前後的脈絡，於是又再度投入哲學研究，因此完成了他後期的思想，那就是語言遊戲。

語言遊戲的意思是，我們在日常生活中都會進行交換話語、解釋意義的遊戲。這場遊戲的規則會依場所和狀況而定，因此語言活動取決於各種生活場面。

維根斯坦舉了一個例子，他將一張寫了「五顆紅蘋果」的便條交給幫手，吩咐他幫忙購買。此時，我們預設的情景是店長看了這張便條後，打開標示著「蘋果」的箱子，尋找符合紅色色碼的有色物體，並計算五這個數字。

如果我們要靠這張寫著「五顆紅蘋果」的便條，確實得到五顆紅色蘋果，就必須具備這些前提。假使店長誤把蘋果看成洋梨、把紅色看成黃色，或是把數字五看成了七，最後就會憑著這張便條交給我們「七顆黃色洋梨」了。也就是說，問題在於我們如何在生活中運用這些言語。

語言遊戲可以是一種生活形式。實際上，維根斯坦之所以使用語言遊戲這個說詞，正是為了將「說話」這件事明確定義為一種活動或生活形式的一部分。如此一來，對我們來說最可靠的就只有語言活動而已。在此定義之下，運用只有自己才懂的言語表達內在經驗的「私有語言」，稱不上是語言。因為這等同於無人理解的聲音，倘若言語無法與任何人疏通思想，它就不具有意義。

哲學的應用提示

在商務場合，言語的意義取決於前後的脈絡。所以大家必須記住，同一種說詞在不同的業界或職種，會擁有不同的語境，因而很有可能造成誤解。從這個意義來看，社群網站和其他網路上的溝通管道都是一種新型態的語言遊戲，需要建立共同的規範。

087

哲學諮詢

philosophical practice（英）

超譯

在社會上實踐哲學的行動

馬修・李普曼（1923～2010）

美國哲學家，也是兒童哲學教育（Philosophy for Children，簡寫為P4C）的創始人。創立兒童哲學研究所（IAPC）。著有《兒童哲學》等書。

○市民的咖啡哲學與兒童的哲學對話

「**哲學諮詢**」主要是運用對話的手法、共同探究哲學命題的實踐性活動。具體來說，像是「**咖啡哲學**」這種型態的市民活動，以及教學場合的「**哲學對話**」等等。

哲學諮詢的本質，在於市民一同探索知識。也就是說，哲學諮詢亦有助於發展市民的賦權（每一個市民獲得自己的力量）。另外，在學校教育裡嘗試加入哲學諮詢，像是為了實施十八歲選舉權而導入的**主權者教育**，今後將會愈來愈重要。歐美國家從很久以前開始，就為了維護哲學的傳統並奠定公民社會基礎，而舉辦咖啡哲學和校園的哲學對話活動。

至於兒童的哲學對話，是在一九六〇年末的美國才正式確立了方法論。最早是由美國哲學家**李普曼**（Matthew Lipman）提出了教育活動P4C，這項活動至今已經推廣至全美。P4C是Philosophy for Children的縮寫，日本社會提及兒童哲學教育時，通常也直接引用這個簡稱。

儘管起步較歐美國家稍晚，但日本政府也決定從二〇二二年度開始，將新科目「**公共**」列入高中必修科目，目的是強化主權者教育，不過具體的教學內容也包含了哲學教育。

哲學的應用提示

將哲學對話活用於商業的構想，早已在歐美陸續實踐。谷歌、蘋果和麥肯錫都聘請了哲學家作為商業顧問，一時蔚為話題。採用哲學的理由，是為了學習處理無解問題的「技巧」。置身於世界潮流中的日本，也有部分企業公司開始導入了哲學思維。

088

審議

deliberation（英）

超譯 徹底討論

詹姆斯·費希金（1948～）
美國政治學家。史丹福大學審議民主主義中心所長。專攻審議民主主義。以設計審議式民調而聞名。著有《當人們發言》、《審議日》等書。

○互訴真話、傾聽少數意見、互相理解

「**審議**」是指徹底討論的意思。這麼做的目的是讓雙方達成共識、解決一個團體的問題。某種意義來說，這是一種比民主更能發揮功能的方法論。實際上，以審議為前提的民主稱作**審議式民主**，藉此區別單純由人民決策的作法。依照狀況，意見的形成可能會比決策更加重要。

決策在國家程度的審議而言是必要的，但是在公民社會程度的審議卻未必需要。美國政治學家**費希金**（James S. Fishkin）認為，審議講求以下五個要素。①資訊（參加者得到多少與爭議點相關、充分且正確的資訊）、②實質的平衡（其中一方對於反方或某種觀點得出的意見考量到什麼程度）、③

多元性（參加者在討論中表達出多少世俗的主流立場）、④誠實（參加者有多認真省思不同的意見）、⑤平等考慮（所有意見皆不因人廢言，而是衡量該論點本身研議到什麼程度）。

費希金提出了「審議式民調」（Deliberative Poll，DP），作為網羅這些要素的具體審議手法。作法是隨機抽選出參加者，將他們分成不同的小組進行討論，之後再投票決議。

不過，審議式民調無法做到全民參與的程度，所以費希金又提出了「審議日」（Deliberative Day）的方案。作法是將所有選民隨機分配到各個地區的討論團體裡，並鼓勵他們在選前一週的國定假日舉辦討論會，以備選舉投票。

這種審議制度，其實可以帶來下列七種社會變化，即①國民對政策的態度變化、②國民投票意願的變化、③資訊量的變化、④培養出更優質的公民、⑤團體一貫性的變化、⑥公開對話的變化、⑦公共政策的變化。

哲學的應用提示

雖然審議相當耗費時間和心力，但現在依然持續實踐於各種場面，像是大學的討論答辯、公民對話，企業內部亦是如此。不過，在時間和預算有限的國會質詢上，明明是最講求審議的場合，卻往往只流於空喊口號，而遲遲不進行實質討論。因此，關鍵就變成取決於國民是否贊同了。

089

iki（英）

粹

超譯

絕不相融的日式二元關係

九鬼周造（1888～1941）

日本哲學家。提倡偶然性的哲學，從男女關係的觀點論述「粹」的精神。著有《偶然性的問題》、《「粹」的構造》等書。

○老練脫俗、有勁、妖豔

「粹」是從江戶花街衍生而成的美學意識，為日本哲學家**九鬼周造**提出的概念。九鬼當時在歐洲留學前後長達八年，在比較西洋與日本思想的過程中，將日本獨特的美學觀自成一家學問。而且他不只是有留學經驗，其思想還因為孩提時期，母親與身兼思想家和美術評論家的**岡倉天心**私奔一事而深受影響。從他的個人歷練中孕育而成的思想，就是「粹」的概念。

九鬼主張「粹」是日本特有的概念，意思就是它無法翻譯成為外國語言。粹的本質在於藝妓和客人的男女關係之間，具體來說，構成「粹」的要素有三個，分別是**媚態**、**骨氣**、**死心**。

媚態是指接近異性，但始終是一種保有可能性關係的二元態度；換言之，兩個人彼此再怎麼接近，也絕不會合而為一，是具有一定距離的關係。不束縛對方、不使對方痛苦的距離感，或者稱為二元性，就是「粹」的重要特徵。

骨氣是指不倚賴異性的堅強心靈，也是一種與柔軟無力、敏感愛哭截然相反的堅毅態度。至於死心則是源自佛教的世界觀，以流轉和無常等要素作為前提，包含愛情關係在內，所有的人際關係最終都會消逝，所以人生在世重要的是放下一切不再留戀，毅然斷絕舊情、培養全新的關係，這種心態才瀟灑。

九鬼將上述的特徵統合成「粹」一字，並賦予「老練脫俗」（死心）、「有勁」（骨氣）、「妖豔」（媚態）的形容。從九鬼對於戀愛觀和婚姻制度的批判，可以看出他嘗試擺脫近代愛情觀，打破以理性主義之名、行剝奪自由事實的陷阱。換句話說，比起二元性的西方理性主義，他洞見日本傳統哲學所具備的二元性特質，而這種反理性主義反而潛藏著更大的可能性。

哲學的應用提示

雖然本文說「粹」無法譯成英語，但是日本人用cool形容事物或文化時，其實也是指日本自己獨有的意義，所以「粹」或許還是有可能譯為外國語言。日本文化真正的瀟灑，對海外人士而言，具有無法只靠理性主義來理解的二元性和模糊地帶。

In-der-Welt-sein（德）

在世存有

超譯

活在與世界的關聯中

馬丁・海德格（1889～1976）

德國哲學家。主張人應當意識到自己是無可替代的「向死的存在」。著有《存在與時間》、《人文主義書信》等書。

○人類只能活在與事物的關聯之中

「**在世存有**」是指活在與世界的關聯之中，這是二十世紀德國哲學家**海德格**在著作《**存在與時間**》裡使用的概念。海德格認為，在世存有是形容人類與世界上的各種事物建立關聯、考量這些事物並賴以生存的狀態。

的確，我們從早上起床到晚上就寢，都需要使用各種事物來生活。換言之，我們將這些事物當作工具，而我們就生活在這些工具之中。海德格將人類稱作**此在**（**Dasein**），意即現在生存於當下的存在。所謂的在世存有，即表現出人類作為此在而活的本質——因為人類要生存在當下，就必須與事物建立關聯。

如果從這個觀點重新看待自己與周遭環境的關係，自己的存在看起來肯定大不相同。話說回來，人類活在與事物的關聯之中，這句話不單只是說明人類僅是置身於各種事物之間而活的狀態。如果人類只是穿梭在各種事物當中、不停吃吃睡睡，滿足基本生命需求的存在，那麼根本就不必在乎自己究竟是誰。引用海德格的說法，這只不過是**常人**（Das Man）罷了。

人類雖然作為常人而活，但還是需要使用工具，所以會變成宛如工具一般能夠隨意更換、替代，不管是誰都可以取而代之的存在。所以海德格將可以替換的「此在」視為非原始的狀態，藉此主張原始的生存方式。

從這裡開始，海德格將人類的不可替代性，與人類是必定死亡的存在結合起來，提出人生而在世應當對死亡擁有預先的覺悟，因為人是向死的存在。也就是說，海德格的思想以肯定的觀點論述死亡，呼籲世人努力生活。

哲學的應用提示

在世存有這個構想，精準地指出人類必須與社會建立關聯才能生存的現實。只要人能夠順利與社會建立關聯，就能感受到活著的價值；若是不順利，就會承受壓力。或許，這個概念可以作為一個線索，來解釋為何會發生繭居族的問題，和個人為發洩不滿而報復社會的事件。

091

倫理生活

Sittlichkeit（德）ethical life（英）

超譯

心靈與體系合為一體

G・W・F・黑格爾（1770～1831）

德國哲學家，近代哲學的集大成者。以辯證法體系聞名。著有《精神現象學》、《法哲學原理》等書。

○群體的意識和群體中的個人意識合一

「**倫理生活**」是指心靈與體系合為一體，譯自近代德國哲學家**黑格爾**提出的Sittlichkeit概念。這個詞的詞源是意指習慣的Sitte，倫理生活指的是建構習慣形式的規範、倫理，以及群體本身。

黑格爾認為，倫理生活是生活在群體裡的每一個人的精神影響了群體，才得以成立。換言之，唯有當人的心靈與群體的體系合為一體後，倫理生活始得成立。倫理生活的目的就是自由的理念，因為在**黑格爾哲學**中，自由才是最終的目標。實際上，國家的目標也是實現自由，而歷史的目的同樣是實現自由。

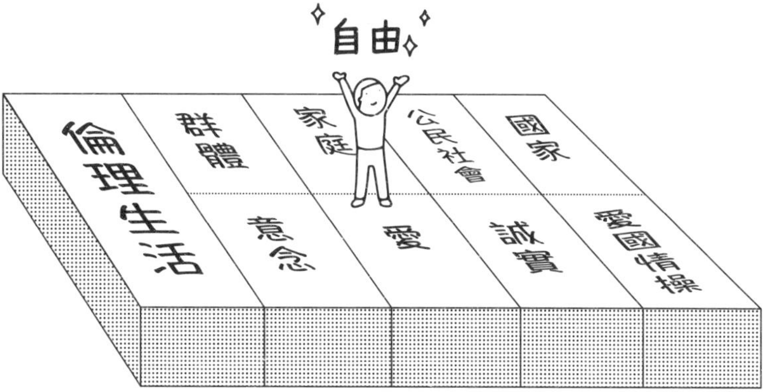

所以，倫理生活會讓每個人的心願在群體中實現，兩者合為一體並產生作用，成為實現自由的存在。

黑格爾的**共同體論**之所以能夠超越時代、至今依然受用的原因，正是出自於他將群體與個人意識視為一體的觀點。在此獨特觀點下的個人意識，就稱作**意念**（Gesinnung）。

具體來說，就是貫徹家族群體中的愛、公民社會中的誠實、國家裡的愛國情操。反過來說，如果要得到這種倫理，就需要建立群體。

哲學的應用提示

公民社會的倫理生活需要誠實和正直，這一點在地區社會和企業公司亦是同理。如果要與家人以外的外人合作、順利經營群體，就必須具備這種意識。但是，在個人獨善其身的現代，重要的是究竟該如何培養倫理生活。

092

il y a（法）

il y a

超譯 一切都與自己無關的存在狀態

伊曼紐爾・列維納斯（1906〜1995）
立陶宛的猶太裔哲學家。基於自己被納粹拘捕的經驗，強調尊重他人的存在。著有《整體與無限》、《時間與他者》等書。

○注視他人的面孔，始能超越黑暗

「il y a」是法語，意思是「有」。這是法國哲學家**列維納斯**（Emmanuel Lévinas）提出的概念。列維納斯是猶太人，有過家人遭到屠殺，自己也成為俘虜的經驗。他的哲學可以說是因為這段慘烈的過去才塑造成形。

列維納斯的哲學觀對於納粹迫害的回應，就是提出il y a的概念。他對於戰爭消滅一切、世界和自己卻依然若無其事地繼續存在而感到恐懼，便以il y a來形容這種狀態。換言之，il y a是描述一切存在皆與自己無關的狀態。

列維納斯認為，人在宛如無盡黑暗的il y a當中，將會變得孤獨無助。他所謂的孤獨，就是在il y a中封閉自己；也可以說是自己內在不存在他者的狀態，因此才會渴望得到他者接受。雖說是渴望他者進入自己內心，卻又不能與他者同化。

能夠從孤獨之中拯救我們脫離苦楚的他者，是絕對他者，必須是永遠異於己身的存在。因此，人才會渴望與他人共鳴，不能只是物理距離上的貼近彼此。共鳴最理想的狀態，是能夠隨時隨地意識到他者這個不同於自己的存在。如此一來，我們才能體悟到「痛苦的不是只有自己，大家都很努力」的事實。

列維納斯認為，如果要意識到他者，就要觀察每一個人不同的「**臉**」。因為臉會顯現每個人的過去，以及他們的人生。只要看得見別人的臉，il y a的黑暗肯定會逐漸消散。

哲學的應用提示

il y a可以連結到現代社會的繭居族問題。因為這種疏離他人、在孤獨中獨自一人存在於這個世界的感覺，其實非常接近繭居人士的真實感受。既然如此，引導他們學著觀察努力的他者的「臉」，或許有助於解決繭居的問題。

093

相互承認

gegenseitig Anerkennung（德）
mutual recognition（英）

超譯

認同彼此的存在

G・W・F・黑格爾（1770～1831）

德國哲學家，近代哲學的集大成者。以辯證法體系聞名。著有《精神現象學》、《法哲學原理》等書。

亞歷山大・科耶夫（1902～1968）

俄羅斯出生的法國哲學家。對法國現代思想的黑格爾研究影響甚鉅。著有《黑格爾導讀》、《法權現象學綱要》等書。

○主人不得不承認奴隸

「**相互承認**」是指認同彼此的存在、互相承認的意思。這個概念最著名的論述來自德國哲學家**黑格爾**，不過現代哲學家又更進一步推展論點，各有獨自的詮釋。

黑格爾的**承認理論**，早期是依循勞動產物交換的脈絡來論證，主張物品的交換其實並不是物品之間的關係，而是物品所有者的個人互相承認的意思。

關於這種承認關係成立的過程，黑格爾在後來的著作《**精神現象學**》中有詳細的辯證。「**主奴辯證**」的比喻就是其中之一。

黑格爾解釋，當兩個人提出不同的主張時，這場生存鬥爭中的敗者會成為奴隸，必須服侍主人。這種關係看似是奴隸希望博得主人的認同，但實際上是主人必須仰賴奴隸勞動。

黑格爾又接著說，承認他人可以使雙方合解，有助於啟發他視為理想的**絕對精神**（38頁）。

不過，黑格爾只是論述「承認」在人際關係中所發揮的功能，至於相互承認的概念則是任憑後繼者詮釋。法國的黑格爾研究者**科耶夫**（Alexandre Kojève）便延續黑格爾的論點，接續闡述相互承認成立的可能性。他以自己的觀點解讀黑格爾的《精神現象學》，堪稱是現代歐洲復興黑格爾思想的重要人物。

科耶夫認為，不得不依賴奴隸的主人，唯有認同奴隸，相互承認才得以成立。只是如此一來，**黑格爾哲學**就會變成類似**階級鬥爭**的理論根據。從階級鬥爭的觀點來看，奴隸屬於勞工階級，必須依靠他們勞動的主人則是資本家，於是，描述承認的生存鬥爭恰好便能夠比作階級鬥爭。

哲學的應用提示

相互承認可說是人際關係的基礎。人類互相認同，才能互助合作。重要的是為了得到這個結果，人類之間必須先經歷鬥爭。俗話說不打不相識，在商務場合雙方要成為真正的合作夥伴，也都必須先經過針鋒相對的激烈談判過程。

鏡像階段

stade du miroir（法）mirror stage（英）

超譯

看見鏡中的自己，產生自我的階段

雅各－馬利－艾彌爾・拉岡
（1901～1981）
法國哲學家，精神分析學家。以結構主義的方式發展佛洛伊德的精神分析學，大幅影響後結構主義。著有《文選》、《論述》（日本座談會及廣播問答紀錄）等書。

○幼兒如何形成自我？

「**鏡像階段**」是指人開始懂得將映在鏡中的形象視為自己時，內心產生自我的狀態。這是法國精神分析學家**拉岡**（Jacques-Marie-Émile Lacan）提出的概念。拉岡將**佛洛伊德**（Sigmund Freud）的精神分析發展成理論，藉此建構了自己的思想。

剛出生的幼兒，即使看見自己的手腳，也無法將這些部位統合成為一個身體的形象。這種狀況稱作「**支離破碎的身體**」。但是漸漸地，他會將母親的模樣當成鏡子一般，想像自己的模樣，這就是鏡像階段。這種幼兒體會到與母親融合的形象世界，稱作「**想像界**」。

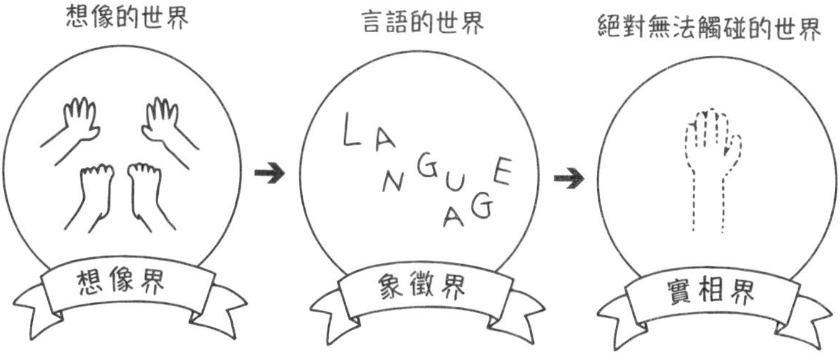

不過，孩子不能永遠黏著母親，欲望會遭到父親閹割，於是孩子就會脫離想像界，踏入「**象徵界**」。象徵界並不是形象的世界，而是言語的世界。

人唯有在融入象徵界時，才終於成為主體。但是，人必須使用並非自己與生俱來的語言才能生存，這一點代表主體絕非完整的存在，而是帶有缺陷。

另一方面，象徵界本身也並不完整，言語無法涵蓋所有的現實，其中包含了龜裂。而龜裂的另一面，就是無法只靠言語掌握的「**實相界**」。

哲學的應用提示

只要理解鏡象階段的理論，或許就能應用在育兒上。在教育孩子認識自己、建立自我、成為社會性存在時，都值得參考。此外，在孩子長大成人後，如果能夠了解這個過程，也能幫助他正確認知人類的存在。

095 塊莖

rhizome（法）

超譯 網狀的思考模式

吉爾・德勒茲（1925～1995）
法國現代思想家。屬於後結構主義。注重生成變化的概念，致力於創造新的哲學思想。有多部與精神分析學家菲利克斯・伽塔利共著的作品。著有《反俄狄浦斯》、《千高原》等書。

皮埃爾－菲利克斯・伽塔利（1930～1992）
法國哲學家、精神分析學家。

○接受新事物後逐漸變化的多重體

「塊莖」原本是指一種生長在泥土裡的根狀莖，但在哲學領域是指沒有中心的網狀結構，或是呈現這種模式的思維。這是由二十世紀的法國思想家**德勒茲**，與精神分析學家**伽塔利**（Pierre-Félix Guattari）提出的概念。

一般探討塊莖的概念時，通常會與**樹**的概念一同比較。這裡所說的樹是指像樹狀圖的思考模式。樹狀思維是從古至今主宰西方社會的思考方法，具體作法是先確立扎實的基本原則，自始至終都以這個原則為基準，展開脈絡思考有多少類型和例外。常見的分類工作大抵都是採用這種樹狀思考法。

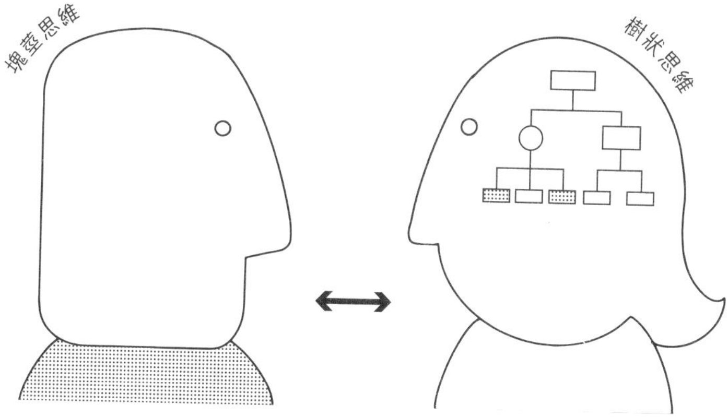

至於塊莖思維，則是去除中心（去中心化），也沒有起點和終點的網狀思考方法。構成全體網絡的各個單元，也不會依循一定規律，都是隨意且交錯連接，呈現歧異混雜的狀態。

這種狀態賦予塊莖截然不同的特質，每當塊莖連接新的部分或是切斷舊的部分時，都會變換整體的性質，有如多重體一般，因此又稱為「由外界定義的多重體」，意指塊莖具備可因另外加上的連結而改變形狀的屬性。也就是說，只要連結新的部分，整體也就會隨之改變。

哲學的應用提示

塊莖思維和樹狀思維都可以應用在思考上。樹狀思維是類似三段論證的系統性思考；至於塊莖思維，具體而言可以想像成腦內的突觸或社群媒體的連結，近似心智圖。塊莖思維在創意構想和解決問題方面，有助於進行更彈性的思考。

096

無名怨憤

ressentiment（法）

超譯　不服輸

弗里德里希・尼采（1844～1900）

德國哲學家。提倡用「超人」思想克服人生的苦難。著有《悲劇的誕生》、《查拉圖斯特拉如是說》等書。

○上帝已死，目標是成為超人

「**無名怨憤**」就是所謂的不服輸。雖然譯為怨憤，但意思和一般常說的怨恨有點不同。這是出自近代德國哲學家**尼采**（Friedrich Wilhelm Nietzsche）的概念。尼采認為，弱者實際上不敵強者，所以會在想像中復仇。這時他們所抱持的情感，就稱作無名怨憤。

強者一般都會自詡為善良，相較之下，弱者則是自認為邪惡。對於這種獨斷的認定，弱者當然會感到不滿，並且憎恨強者。但弱者缺乏能力，所以根本無法反抗強者、扭轉立場。

因此，弱者只能深信自己才是善，聲稱不反抗是因為自己很善良，膽小是因為自己很謙虛，服從是因為自己想恭順待人。這就是基督宗教所秉持的道德。

尼采主張這世上有兩種道德的評價。一種是封建體制下騎士與貴族的評價方式，當中會產生自己是善的道德判斷；另一種則是基督教教士的評價方式，當中無法產生自己是善的道德判斷，所以會衍生出斷定強者是惡，而處於對立面的自己則是善的道德判斷。

尼采將這種顛倒的道德認知稱作**奴隸道德**，並且加以痛斥，所以才會大膽宣稱「**上帝已死**」，呼籲弱者別再相信上帝、繼續不服輸地活著。

尼采提倡要以自己的基準堅強生存，以克服內心的無名怨憤。不論別人怎麼說，都要以自己的基準來判斷善惡與真假。而能夠做到這種程度的人就是**超人**，就是**查拉圖斯特拉**。

上述就是尼采最為著名的**超人思想**。超人思想具有超越人類的意義，同時也有超越自己的含義。只要人繼續聲稱自己不服輸，就無法堅強地活著。

哲學的應用提示

無名怨憤在現代社會所說的人生勝利組、失敗組當中相當常見。勝利組在社會上十分成功，自認為是社會上的強者；相較之下，失敗組則是自嘆為社會的弱者。當我們不願服輸時，可以試著認清自己內心的無名怨憤，如此或許就能踏上堅強生存的道路。

097

pessimism（英）

悲觀主義

超譯

總是設想事物最壞狀態的態度

阿圖爾・叔本華（1788～1860）

德國哲學家。提倡意志比知性更重要。著有《意志和表象的世界》、《論視覺和顏色》等書。

○欲逃離生存的痛苦，禁欲以外別無他法

「**悲觀主義**」是一種總是預先設想事物最壞狀態的態度，多半又譯作**厭世主義**。悲觀主義的英文pessimism，詞源是拉丁語pessimus，意指「醜惡」。在希臘神話中，酒神戴歐尼修斯的導師西勒努斯認為，對人類最好的事是從不曾出生，其次則是出生後不久即夭折。而這種思想正是悲觀主義最為典型的代表例子

在哲學的世界裡，近代德國哲學家**叔本華**投入了悲觀主義的研究。他主張人生而在世不得不活在痛苦之中，若要逃離痛苦，只能透過哲學全然否定意志。

叔本華所說的意志，並不是理性的意志，而是藉由與理性無關的身體活動所顯現的「**生存意志**」。

這股生存的意志，實際上毫無根據，更奢談目的，只是一種盲目的意志，對人類而言便是無窮無盡的欲望。正因為人類的欲望永無滿足的時刻，人生才會充滿痛苦。

關於逃離這種痛苦的方法，叔本華先是提出了藝術。藝術會消除人類的主觀和客觀要素，將人昇華至可以解放意志和欲望等一切痛苦的解脫立場。

但問題在於，藝術的慰藉只有微不足道的瞬間，所以他又接著提出同情帶來的解脫。同情可以使人理解他者的痛苦。

不過，就算是同情，實際上對他者也只能做到量力而為的程度。意思就是，人類終究不可能擺脫生存的痛苦。

因此，叔本華才會主張只能從根本上全盤否定「生存的意志」。逃離痛苦的唯一方法，就是「**禁欲**」。放棄這股意志，從禁欲的角度全然否定它，才可能確實從苦惱中解放。

哲學的應用提示

與悲觀主義相對應的詞是樂觀主義（optimism）。比方說，這裡有半杯水，認為「好歹還有半杯」的人屬於樂觀主義，認為「只剩下半杯」的人則是悲觀主義。不過，消極的思考會先設想最糟糕的後果，反而有助於思考應對方法。

098

存在主義

existentialisme（法）
existentialism（英）

超譯　自己開拓人生的思考

索倫・祈克果（1813～1855）
丹麥哲學家。提倡克服絕望和不安的思想。存在主義的先鋒。著有《非此則彼》、《致死的疾病》等書。

尚－保羅・沙特（1905～1980）
法國哲學家。站在存在主義的立場，主張人應當積極與社會建立關聯。著有《嘔吐》、《存在與虛無》等書。

○人類是創造自己、持續變化的存在

「**存在主義**」是主張重視人類的存在、靠自己開拓人生的思想。十九世紀丹麥哲學家**祈克果**（Søren Aabye Kierkegaard）創立的存在主義，後來由德國哲學家**尼采**和**海德格**繼承了部分思想，最後由二十世紀的知識分子明星**沙特**（Jean-Paul Sartre）集大成。

存在主義之所以能夠盛行，當然大多要歸功於沙特卓越的論述能力，但他絕非唯一的功臣，畢竟也是因為當時需要存在主義。被第二次世界大戰破壞殆盡的世界，為了建構新的價值觀和新社會，需要思想作為原動力。

從存在主義的源流和發展脈絡就可以清楚看出，沙特探討的問題並不是存在的事物，而是如何存在。他以「**存在先於本質**」來表現研究的命題。人類並非順從既定命運的存在，而是創造自己並持續變化的存在。

根據沙特的說法，人類可以任意選擇自己的行動，但相對地必須為自己的選擇負責，所以人類會被處以「**自由之刑**」。既然所有行動都必須負起相應的責任，那麼人生在世只要積極採取自己能夠接受的行動即可。

因此，沙特便提出**介入**（Engagement）的概念。這是指積極與社會建立關聯，作為賦予歷史意義的自由主體而活。Engagement原本是契約、誓言的意思，但沙特將這個詞彙引伸成參與政治、參與社會的意思，並廣泛運用。

這世上有許多高牆擋住我們的去路，但人類依然能夠選擇改變社會。實際上，沙特曾積極參與阿爾及利亞的獨立運動，以及其他多場社會運動。存在主義就是持續探索、持續參與社會。

哲學的應用提示

人在工作和生活中難免會遭遇困難。當你消極地責怪體制、責怪公司、責怪世界時，可以試著想起沙特的存在主義，反問自己是否該對自己的選擇負起責任。沙特認為，逃避也是一種自由的選擇。在確認自己的選擇時，這句話可以助你一臂之力。

Aura（德）

靈光

超譯

難以接近的氣質

華特・班雅明（1892～1940）

德國文藝評論家、哲學家。隸屬法蘭克福學派。對美學和西方馬克思主義影響甚鉅。著有《機械複製時代的藝術作品》、《拱廊街計畫》等書。

○唯有原版才珍貴

「靈光」是一種難以接近的氣質，原本是指宗教禮拜用的佛像或耶穌基督身後所畫的「光暈」，當我們說「那個人在發光」時，就是指這種靈光。德國哲學家**班雅明**（Walter Benjamin），用「遙遠之物的獨一顯現，雖遠，仍如近在眼前」，來表達靈光的概念。

最具代表性的例子就是藝術，藝術正是因為其只能顯現一次的具體存在才有意義。但是班雅明指出，隨著複製技術的發展，藝術的這個意義卻逐漸改變。一幅畢卡索的畫作，是因為出自畢卡索的手筆才具有意義，即使有人能夠臨摹畫出一模一樣的作品，我們也很清楚這種畫作毫無價值。在這種情況下，作品就不具有靈光了。

班雅明更進一步闡述，藝術作品原本是宗教的儀式工具，自從宗教勢力衰退後，反而成為藝術的表現對象。如此一來，作品的展示價值更勝於禮拜的價值。因此比起原始作品的靈光，大眾反而更傾向追求容易入手的複製品。

不過，引用班雅明的說法，複製品還是具有額外的價值，那就是任何人都能輕易取得、欣賞的大眾化價值。複製品有助於推動現代社會的大眾化，而其發展的顛峰就是電影。因為電影並沒有明確地區分原版和複製。

既然如此，為何人們依然追求靈光呢？因為唯有原版才珍貴。只有靈光才能讓人體會到獨一無二的感動。班雅明用「超越自己」來形容這種現象。超越作品本身表象的氣質，這就是靈光，人想要感受的就是這股超越性。

哲學的應用提示

班雅明曾說過「人會發掘靈光」。有影響力的人透過發言和風評贏得大眾的讚賞，於是身上會逐漸形成靈光。即便是人人不屑一顧的事物，只要自己青睞，就可能會產生靈光；但千萬不能拾人牙慧，重點在於自己必須是最早的發現者。

100 後設倫理學

metaethics（英）

超譯 重新探究倫理前提的學問

喬治・愛德華・摩爾（1873～1958）
英國哲學家。分析哲學和後設倫理學的奠基人。著有《倫理學原理》、《批判唯心論》等書。

○倫理究竟是什麼？

「**後設倫理學**」是重新探究倫理學前提的學問。後設（meta）有「超越」的意思，也可以說是追求如何超越前提來思考。

比方說，倫理學之外還有規範倫理學與應用倫理學。**規範倫理學**是指**功利主義**（80頁）和**義務論理學**這類思考人應當如何生存的學問。**應用倫理學**是以規範倫理學為基礎，思考在現實社會具體場合的行為舉止，包含**環境倫理學**和**生命倫理學**。規範倫理學和應用倫理學都已經預設了什麼才是正義，所以這些倫理學只是在分析命題是否遵循這些前提。

另一方面，後設倫理學則是追尋事物正義的前提本身。也就是探索「正義」究竟是什麼。

後設倫理學的目的在於明確討論。雖說是追尋正義，但如果不探究這是什麼人以什麼根據、用什麼意義解釋，討論就無法聚焦。唯有探究到這個程度，我們才能重新看待視為理所當然的倫理，後設倫理學的意義就在於此。倫理是社會每一個成員共同達成的協定，只要社會改變，內容就會改變，所以必須常保從根本上重新探究的態度。

後設倫理學要重新探究的主題，大致有三個問題。第一個是真理的問題，探討倫理的討論是否有答案；第二個是判斷的問題，探討倫理的判斷是什麼；第三個是概念的問題，探討倫理是什麼。

後設倫理學研究任何問題時，會分成**客觀主義**和**主觀主義**兩個對立的立場。客觀主義主張決定真理的是對象或物體等**客體**（18頁），為英國哲學家**摩爾**（George Edward Moore）提倡的概念。相對地，主觀主義則是主張決定真理的是身為**主體**（18頁）的人類，也就是自己。這兩種立場互相抗衡，無法論定哪一方才正確。

哲學的應用提示

倫理有很大一部分是以社會的常識為前提，因為正義都是取決於常識。不過，隨著以人工智慧為首的新科技問世，常識將會產生大幅的變化，如今更有重新探究倫理學內容的必要。好比說將有意識的機器人視為物體，或許早已不再是正確的觀念了。

(COLUMN)

商業

日本對於哲學的需求，已然邁向全新的階段，那就是商業上的需求。過去的商業領域，始終追求實踐性和即時戰力，再加上其他的因素，使得用以思考事物本質的哲學，往往被當成是與商業毫無關聯的學問。

不過，歐美國家的心態卻並非如此。歐美人持續將哲學應用在商業上，證據就在於不少哲學系畢業的經營人士大獲成功，聘用哲學家作為顧問的企業也不在少數。這股趨勢愈演愈烈，甚至還有知名哲學研究者不是擔任企業的特約律師，而是全職的「特約哲學家」。

企業之所以需要哲學人才，是期望促進管理階層思考全新的問題，以及從本質上解決公司的問題。愈來愈多企業為了鼓勵員工也學習這些能力，展開不少哲學培訓課程。日本也因為人工智慧的出現，不得不重新看待商業的本質與基礎；也正因為有如此迫切的需求，才終於把焦點放在哲學上。

以我自身經驗來說，在2019年度，就已經承辦了多場企業培訓講座，而且場場額滿，盛況非凡。具體來說，培訓的內容是應用哲學這個工具，藉此訓練員工質疑商業常識、改變觀點，從不同的視角看待自己的工作，並且訓練他們掌握問題的本質。從今而後，日本的商業氣象將會迎向大幅的轉變。

主要参考文獻

廣松涉等編『岩波　哲学・思想事典』
（岩波書店／1998年）

子安宣邦監修『日本思想史辞典』
（ぺりかん社／2001年）

石塚正英等監修『哲学・思想翻訳語事典』
（論創社／2013年）

猪口孝等編『政治学事典』
（弘文堂／2004年）

木田元編『哲学キーワード事典』
（新書館／2004年）

貫成人『図説・標準　哲学史』
（新書館／2008年）

鈴木生郎等
『現代形而上学　分析哲学が問う、人・因果・存在の謎』
（新曜社／2014年）

野家啓一等編『現代哲学キーワード』
（有斐閣／2016年）

植原亮
『自然主義入門　知識・道徳・人間本性をめぐる現代哲学ツアー』
（勁草書房／2017年）

佐藤岳詩『メタ倫理学入門』
（勁草書房／2017年）

『現代思想　総特集　現代思想43のキーワード』vol.47-6
（青土社／2019年）

The Penguin Dictionary of Philosophy, 2nd ed, ed. Thomas Mautner, Penguin Books, 1998, 2005.
The Cambridge Dictionary of Philosophy, 3rd ed, ed. Robert Audi, Cambridge University Press, 1995, 2015.

14畫

15畫

16畫

17畫

18畫

19畫

20畫

21畫

23畫

24畫

25畫

10畫

11畫

12畫

13畫

英文

2畫

3畫

4畫

5畫

6畫

小川仁志

1970年生於日本京都府。哲學家，山口大學國際綜合科學院教授，人類文化學博士。自京都大學法學院畢業後於伊藤忠商事就職，離職後經歷四年半的自由工作者生活，任職於名古屋市公所。後於名古屋市立大學研究所修畢博士後期課程，曾任德山工業高等專科學校副教授、美國普林斯頓大學客座研究員。在大學帶動新型全球化教育，同時主辦「咖啡哲學」活動，落實市民哲學，專為企業舉辦的哲學培訓班也大受歡迎，每場皆即刻額滿。專攻公共哲學，著作已超過百本，暢銷代表作有《超譯「哲學用語」事典》（麥田）。亦活躍於電視等各大媒體，2018年起在NHK教育台節目「世界の哲学者に人生相談」中擔任講師。

出　　版／楓葉社文化事業有限公司
地　　址／新北市板橋區信義路163巷3號10樓
郵政劃撥／19907596 楓書坊文化出版社
網　　址／www.maplebook.com.tw
電　　話／02-2957-6096
傳　　真／02-2957-6435
作　　者／小川仁志
翻　　譯／陳聖怡
責任編輯／江婉瑄
內文排版／楊亞容
港澳經銷／泛華發行代理有限公司
定　　價／350元
初版日期／2021年4月

國家圖書館出版品預行編目資料

哲學用語事典 / 小川仁志作；陳聖怡翻譯. -- 初版. -- 新北市：楓葉社文化事業有限公司, 2021.04　面；　公分

ISBN 978-986-370-267-2（平裝）

1. 西洋哲學

140　　110001369